Minoru Tominaga

Erfolgsstrategien für deutsche Unternehmer

Heute gezielt ändern

morgen erfolgreich

sein!"

Minoru Tominaga

Erfolgsstrategien für deutsche Unternehmer

Erhöhen Sie die Produktivität
durch den Einsatz japanischer und
deutscher Managementtechniken

ECON

Die Deutsche Bibliothek – CIP-Einheitsaufnahme

Tominaga, Minoru: Erfolgsstrategien für deutsche Unternehmer: Erhöhen Sie
die Produktivität durch den Einsatz japanischer und deutscher Managementtechniken / Minoru Tominaga. – 4. Aufl. – Düsseldorf; München: ECON, 1998.
ISBN 3-430-19133-5

4. Auflage 1998
Redaktionelle Mitarbeit: Friedhelm Schwarz. Lektorat: Bettina Querfurth.
Gesetzt aus der Century und Frutiger, Berthold. Satz: Dörlemann-Satz,
Lemförde. Papier: Papierfabrik Schleipen GmbH, Bad Dürkheim. Druck und
Bindearbeiten: Bercker Graphischer Betrieb GmbH, Kevelaer. Printed in
Germany. ISBN 3-430-19133-5.

Inhalt

Vorwort

»Wir sitzen alle im selben Boot.« Mit diesem bekannten deutschen Sprichwort beginne ich gern meine Vorträge. Dann nikken alle Anwesenden zustimmend, und das sind meist nicht die Arbeiter aus der Fabrik, sondern Vorstände, Direktoren und Abteilungsleiter. Dieses Sprichwort kennen wir in Japan auch. »Aber«, sage ich dann, »der Unterschied zu Deutschland ist, daß wir es ernst nehmen und es in unseren Unternehmen wirklich gelebt wird. Wir verhalten uns so, wie man es tun muß, wenn man in einem Boot sitzt. In Deutschland hat das Sprichwort nämlich noch einen zweiten Teil, und der lautet: Rudern müssen die anderen.« Dann sehe ich meist lange Gesichter und verlegenes Lachen, denn die meisten der Zuhörer wissen, daß diese Einstellung stimmt und daß gerade sie nicht zu den Ruderern gehören.

Wenn ich dann noch erzähle, daß japanische Führungskräfte sich einmal im Monat an das Fließband stellen oder mit einer Putzkolonne die Toiletten des Unternehmens säubern, dann wird nur noch gelacht. Aber diese Führungskräfte, die scheinbar ihre Zeit mit Putzarbeiten verschwenden, haben dafür gesorgt, daß ihre Unternehmen ihre Produktivität immer weiter steigern konnten. Ich will niemanden zwingen, sich mit den Erfolgsmethoden zu befassen, wenn er es besser weiß. Aber ich mache das Angebot, jedem zu erklären, wie er, und zwar er ganz persönlich, die Produktivität des Unternehmens, in dem er arbeitet, erhöhen kann. Was er allerdings mitbringen muß, ist die Fähigkeit und die Bereitschaft, in neuen Strukturen zu denken, ob er nun Vorstand oder Arbeiter an einer Maschine ist.

Dieses Buch soll allen Lesern die Augen darüber öffnen, wo sie überall Veränderungen vornehmen können und müssen. In der Produktion genauso wie in der Lagerhaltung, im Kundenservice genauso wie in der Zusammenarbeit mit den Zuliefererfirmen oder in der Motivation der eigenen Mitarbeiter. Den Mitarbeitern wurde vorgeschrieben, wie sie zu arbeiten haben, und sie wurden nicht um Rat gefragt. Das waren Fehler, die sich heute rächen. Wer gedankenlos Befehle von oben nach unten weiterreichte, galt vielen schon als loyale Führungskraft und wurde befördert. Wer nur dafür sorgte, daß alles so blieb, wie es war, galt als Macher, denn die Konjunktur trug ihn nach oben. Viele werden sich in diesem Buch wiedererkennen und es deshalb nicht mögen. Sie werden weiter auf dem falschen Weg bleiben. Wer aber die Probleme wiedererkennt, gegen die er im Alltag kämpft, der findet auch die Erfolgsstrategien, die er sucht.

Wenn sich ein Unternehmen oder einer meiner zahlreichen Gesprächspartner in diesem Buch falsch wiedergegeben sieht, so bitte ich ihn schon jetzt um Verzeihung. Um bestimmte Sachverhalte deutlich zu machen, habe ich Tatsachen verkürzt, zusammengefaßt und manchmal auch etwas überspitzt dargestellt, so daß sie in dem einen oder anderen Falle nicht vollständig mit der Erinnerung des Betroffenen übereinstimmen mögen. Sicher werden Ereignisse auch von Person zu Person unterschiedlich interpretiert.

Falls nun der eine oder andere Leser in diesem Buch glaubt, einen seiner Geschäftspartner wiederzuerkennen, so möchte ich gleich darauf hinweisen, daß dies sicher eher auf die Allgemeingültigkeit meiner Schilderungen zurückzuführen ist als darauf, daß ich diesen Geschäftspartner kenne.

Ich habe dieses Buch deshalb so reichlich mit Beispielen bestückt, weil sie das Erkennen von Problemen erleichtern und das Verständnis fördern. Wenn Sie, lieber Leser, eigene Erfahrungen beisteuern möchten, schlechte, aber noch lieber wären mir gute, bitte ich Sie, mir diese mitzuteilen, vielleicht entsteht auf diese Weise ein weiteres Buch. Wenn Sie beginnen, die Lehren, die Sie für sich selbst ziehen, anzuwenden, werden Sie merken, wie weit der Weg zur Vollkommenheit ist. Auch dazu wird Ihnen vielleicht ein weiteres Buch noch Wichtiges sagen können.

Ich bin zuversichtlich, daß die deutsche Wirtschaft durch neue Ideen und Innovationen in einigen Jahren auch japanische Unternehmen wird herausfordern und beflügeln können. Der Kampf um die neuen Märkte in Indien, Asien und dem pazifischen Raum sowie in Mittel- und Südamerika hat gerade erst begonnen, die Länder der früheren Sowjetunion bereiten sich vor, und in Afrika liegt noch eine Marktreserve, die wohl erst in einigen Jahrzehnten aktiviert werden kann. Erst im Wettbewerb entfalten sich die Kräfte der Wirtschaft und werden die Türen für neue Ideen geöffnet. JIT-Kaizen ist eine davon. Nutzen Sie sie.

I.

Weshalb der Erfolg deutscher Unternehmen schwindet

1.

Der Dinosaurier Massenproduktion stirbt – der Wandel von der produzierenden zur dienstleistenden Gesellschaft

Ein lebendiges Wesen, das sich der Umwelt nicht anpassen kann, stirbt aus. Auch ein Unternehmen ist ein Organismus, der von seiner Umwelt abhängig ist, und wenn es dem starken und rasanten Wandel des Marktes nicht mehr folgen kann, wird es vom Markt verschwinden. Die Idee der Massenproduktion hat sich im Umfeld großer Marktveränderungen und intensiven globalen Wettbewerbs überlebt. Sie wird wie die Dinosaurier verschwinden und anderen anpassungsfähigeren Konzepten Platz machen.

Auch wenn es viele noch nicht gemerkt haben oder nicht merken wollen, die Rahmenbedingungen haben sich grundlegend geändert. Die tayloristische Massenproduktion mit ihrer Unflexibilität gegenüber Marktveränderungen wird schon jetzt von einer Produktionsform ersetzt, die unterschiedliche Produkte in kleinen Mengen und innerhalb kurzer Lieferzeiten herstellen kann. Es reicht nicht mehr aus, einfach nur etwas herzustellen und anschließend zu fragen, wer es kauft. In einer Zeit, in der es viele Produkte mit ähnlicher Ausstattung gibt, hat die Erfüllung spezieller Kundenwünsche Vorrang und wird auch entsprechend gut honoriert. Wer als erster den Wunsch des Kunden bedient, macht das Geschäft.

In der gegenwärtigen, immer noch von der Rezession geprägten Situation der Weltwirtschaft wird die Chance des Überlebens vor dem Hintergrund einer starken ausländischen Konkurrenz für deutsche Unternehmen immer geringer. Solange besonders bei den Führungskräften auf den unteren Ebenen die Auffassung vorherrscht, daß das Heil der Unternehmen im Herstellen von Waren nach dem bisherigen Muster liegt, wird man dem rasanten Tempo des Wandels nicht folgen können.

Eine unzureichende Versorgung mit Gütern war in der Tat in den ersten Jahrzehnten nach dem Zweiten Weltkrieg prägend für die Weltwirtschaft. Es mangelte damals an lebensnotwendigen Dingen ebenso wie an Maschinen und Geräten aller Art. In jener Zeit lag der Schwerpunkt auf der Kombination der Produktionsfaktoren und dem Herstellen der Güter. Der Absatz war gesichert, oft wurden Waren zugeteilt. Herstellen war gleichbedeutend mit Verkaufen, und es waren gute Zeiten für die Industrie. Dann wurde der Absatz allmählich zum Engpaß, und die Bedeutung des Verkaufs wuchs. Vertriebs- und Marketingleute avancierten zu den Königen des Unternehmens, und die Ingenieure wurden zu ihren Vasallen. Man mußte verkaufsfähige Mengen planen und sie schnell produzieren, bevor sie von neuen Entwicklungen überholt wurden.

Verfolgt man die Entwicklungslinien der produzierenden Industrie, so erkennt man, daß die Unternehmen den Kunden immer stärker ins Zentrum ihrer Bemühungen stellen und Waren herstellen, die seinen Bedürfnissen entsprechen sollen. Die Idee, die Vorstellungen des Marktes in das Unternehmen zu tragen, also des »Market-in«, bedeutet auch, daß das Unternehmen sich als Dienstleister begreifen muß. Der Gegensatz »Product-out« ist überlebt. Natürlich unterscheidet sich ein Produktionsunternehmen von dem, was man gewöhnlich als Dienstleistungsunternehmen bezeichnet, das Unternehmen muß vielmehr mittelbar durch seine Waren Dienste am Kunden leisten.

Daher sollte sich eine Fabrik als Stützpunkt verstehen, von dem aus dem Kunden Dienste durch produzierte Waren angeboten werden. In der Ära des »Product-out« reichte es völlig aus, die Kriterien Qualität, marktgerechter Preis und kurze

Lieferzeit zu erfüllen. Zukünftig wird das Überleben eines Unternehmens nur dann gesichert sein, wenn es auch noch folgende Anforderungen erfüllt:

Produktvielfalt

Die individuellen Wünsche und Bedürfnisse der Kunden nehmen immer mehr zu. Das erfordert statt einer immer größeren Spezialisierung eine immer breiter werdende Produktpalette.

Kleine Mengen

Da sich die Größe des Marktes wenig verändert, bedeutet eine größere Produktvielfalt immer kleinere Mengen. Das Volumen jeder einzelnen Produktgruppe wird immer geringer.

Um weiterhin die Forderung nach kurzen Lieferfristen erfüllen zu können, wird man die Frage der Bevorratung und der Lagerhaltung neu überdenken müssen, da sonst von den Kosten der Lagerbestände ernsthafte Probleme ausgehen, die das jeweilige Unternehmen gefährden können. Auch die Kalkulation der Produktionsmengen und des Absatzzeitpunktes wird im Rahmen der heutigen Verfahren deutlich schwieriger.

Die in Japan heute schon praktizierte Lösung liegt in der Herstellung kleiner Stückzahlen unterschiedlicher Waren innerhalb kürzester Zeiten mit dem gleichen Produktionsmittel. Dabei darf weder die Qualität noch der Umweltschutz als eine immer wichtigere Bestimmungsgröße zu kurz kommen. Die Produktion muß entweder in eine Auftragsfertigung umgewandelt werden oder zumindest mit wesentlich geringeren Lagerbeständen operieren.

In Deutschland ist man sich zwar bewußt, daß man nicht mehr lange so weitermachen kann wie bisher und daß eine neue Mobilität erforderlich wird. Ernsthaften Veränderungen steht aber im Moment noch das Besitzstandsdenken auf allen Hierarchieebenen entgegen. Die meisten Entscheidungsträger hoffen klammheimlich, daß die entscheidenden Veränderungen erst notwendig werden, wenn sie in den Ruhestand gehen. Gerade in den Großunternehmen hat bereits die Generation der heutigen Mittvierziger jede Zukunftsorientierung, die das Unternehmen in den Lebensmittelpunkt stellt, verloren. Wurde eine bestimmte Position nicht bis zum 40. Lebensjahr geschafft, sieht man sich nur zu häufig von der weiteren persönlichen Entwicklung ausgeschlossen. Ein Unternehmenswechsel ist mit hohen Risiken verbunden und oft bereits unmöglich. Was bleibt, ist die Hoffnung auf einen frühen, finanziell gut gepolsterten Vorruhestand ab dem 55. Lebensjahr. Erhalt der Gesundheit, Wahrung des Besitzstandes und frühzeitige Planung des dritten Lebensabschnitts werden zu den Maßstäben und Triebfedern allen beruflichen Handelns.

2.
Meister Deutschland ist faul geworden – können Anspruchsdenken und Gleichgültigkeit tragende Prinzipien sein?

Stefan Baron, Chefredakteur der Wirtschaftswoche, hat einmal im Gespräch zu mir gesagt, daß er mich für einen sehr untypischen Japaner hält. Ein großer Teil meiner Arbeit bestünde nur darin, anderen den Spiegel vor Augen zu halten, damit sie sich selbst erkennen. Damit hat er recht. Meine Arbeit besteht tatsächlich darin, zunächst einmal allen ihr Spiegelbild zu zeigen.

Daß das nicht dem Verhalten entspricht, das man in Deutschland von meinen Landsleuten gewohnt ist, überrascht mich nicht. Es wird mich aber auch niemand meiner Landsleute für mein Verhalten tadeln. Ich möchte nur an die Zen-Meister erinnern, die ihren Zeitgenossen oft auf recht derbe Art den Spiegel vorgehalten haben und mit ihnen Späße trieben. Auch in der japanischen Malerei findet man viele Darstellungen bekannter Meister, die übertrieben, fast karikaturenhaft sind. Wenn ich jetzt also ein Bild der deutschen Gesellschaft, der Wirtschaft und der Unternehmen zeichne, das Ihnen vielleicht etwas grobschlächtig oder übertrieben vorkommt, sollten Sie es als das sehen, was es ist, die Betrachtung eines Außenstehenden, der staunt, sich wundert, aber sich auch oft ärgert.

Deutschland ist ein erstaunlich schmutziges Land. Das bemerkt man besonders, wenn man viel auf Reisen ist. Die Hauptfunktion der Gleise auf den deutschen Bahnhöfen scheint es zu sein, als großer Aschenbecher zu dienen. Ein ordentlicher Deutscher legt seine Zigarettenkippe auch nicht in den Aschenbecher seines Wagens. Da würde sie möglicherweise stinken. Sie wird während der Fahrt aus dem Fenster geworfen. Das ist wahre Reinlichkeit. Überall treffe ich auch auf Kaugummireste, auf den Bahnsteigen, auf den Polstern in den Zügen, sogar auf den Sesseln im Konzertsaal.

Hundebesitzer sind in den deutschen Städten offensichtlich nicht für das verantwortlich, was ihr Hund hinter sich läßt. Ungerührt ziehen sie weiter, wenn ihr Hund seinen großen Haufen auf den Gehweg gesetzt hat. Irgend jemand tritt dann rein und schleppt den Schmutz mit nach Hause. Ich wundere mich immer wieder, wie viele Deutsche auch zu Hause mit den Straßenschuhen herumlaufen, mit denen sie zuvor Unmengen von Bakterien aufgesammelt haben. Die Teppichböden müssen wahre Schatzkammern von Bakterienstämmen enthalten, aber offensichtlich stärkt das die Widerstandskräfte.

Die Müllabfuhr gilt wohl überall als wichtiger Servicebereich. Wenn aber ein Berufstätiger seinen Sperrmüll am Sonntag abgeben möchte, geht das nicht. Sonntags ist die Mülldeponie geschlossen. Für alle Deutschen, die ich gesprochen habe, ist das ziemlich selbstverständlich. Sonntags arbeitet niemand. Ich rief bei der Stadtverwaltung an und fragte, weshalb die Mülldeponie nicht sonntags geöffnet ist, klaut vielleicht jemand den Müll? Nein, war die Antwort, aber undisziplinierte Mitbürger würden alles durcheinanderwerfen und Unordnung machen. Könnte nicht jemand aufpassen? Nein, sonntags arbeitet niemand, da wollen sich alle um die Familie kümmern. Wie wäre es, bot ich an, wenn man für die Arbeit am Sonntag an einem Wochentag freibekäme, dann könnte man sich auch um die Familie kümmern. Das geht nicht. Ende der Diskussion, mein Gesprächspartner war auch sicher nicht für die Tarifverträge zuständig, deshalb wollte ich ihn auch nicht länger quälen. Mir zeigten das Gespräch und meine Diskussionen darüber aber, wie wenig Veränderungspotential in breiten Bevölkerungsschichten vorhanden ist. Veränderungswünsche gehen immer nur in Richtung mehr Bequemlichkeit. Unternehmergeist ist in Deutschland zur Zeit nicht mehrheitsfähig. Übrigens, meinen kaputten Fernseher habe ich in den Wagen geladen und bin in den Wald gefahren. Dort habe ich das Gerät zur Waschmaschine und dem Kühlschrank gestellt, die mir bei meinem letzten Spaziergang aufgefallen waren. Ordnung muß sein.

Ich erwähne dies alles deshalb so ausgiebig, weil sich diese schlechten Angewohnheiten auch in den Unternehmen fortsetzen. In Japan gibt es folgende Frage: »Woran kann man ein amerikanisches Auto von einem deutschen unterscheiden?« Antwort: »Man schaut unter die Haube. Liegt dort eine Cola-Dose, kommt der Wagen aus den USA, liegt dort eine Zigarettenkippe, kommt er aus Deutschland.« Wenn ich durch deutsche Fabrikhallen gehe, sind herumliegende Zigarettenkippen und Schokoladenpapier in den Ecken keine Seltenheit. »Da muß man ein bißchen Toleranz zeigen«, sagte man mir.

Sauberkeit war früher doch eine deutsche Tugend, warum wurde sie aufgegeben? In sauberen Fabriken wird auch saubere Qualität hergestellt. Sauberkeit ist für mich das äußere Merkmal von Verantwortung und der Gradmesser für Gleichgültigkeit. Erstaunlich ist, daß mir die Städte im Norden Deutschlands schmutziger vorkommen als die im Süden. Liegt das an den Bürgern oder an der jeweiligen Landesregierung?

Vielleicht übernimmt in Deutschland auch niemand mehr persönliche Verantwortung, weil der Staat sich ja lange darum gedrängt hat, seine Bürger zu versorgen, zu behüten und zu bevormunden. Leistung und Verantwortung wurde den Deutschen in beiden Teilen, in der Bundesrepublik ebenso wie in der DDR, in den vergangenen zwanzig oder dreißig Jahren ja förmlich abtrainiert, nur die Methoden waren unterschiedlich. Im Westen ging es allen gut, das Anspruchsdenken ersetzte das Leistungsdenken, dem Staat wurde jegliche Verantwortung aufgeladen, und er mußte alles regulieren.

Gewerkschafter und Unternehmer gaben die Verantwortung nach oben weiter, weil sie sich erhoffen durften, daß dann alles so bleibt wie bisher. Die Lasten wurden stets gleichmäßig auf alle verteilt. Die Politiker aller Parteien verstanden es, sich als Landesväter und Wohltäter zu profilieren, als Gegenleistung erhielten sie das Recht und die Pflicht, alles und jedes zu bestimmen. Und die Bürger lernten, daß ihre Zukunft nicht mehr von produktiver und nützlicher Arbeit abhängt, sondern von Mahnwachen, Autobahnbesetzungen und Demonstrationen. Viel zu teure Kohle und Stahl, den keiner braucht, sind das Ergebnis.

Könnten Sie sich vorstellen, daß vielleicht auch noch Menschen in anderen Berufen auf die Idee kommen, für mehr Einkommen oder den Erhalt überflüssiger Arbeitsplätze auf die Straße zu gehen? Friseure könnten fordern, daß sich jeder Bundesbürger statt alle vier Wochen jede Woche die Haare schneiden lassen muß. Bäcker könnten einen heimischen Brötchenberg produzieren und fordern, daß jedes Brötchen, das gebacken wird, zur Hälfte subventioniert wird. Wahrscheinlich wird es nicht mehr dazu kommen, denn der Staat hat gemerkt, daß er sich schon lange übernommen hat. Nach Lean Management, Lean Production steht in Deutschland nun Lean Society auf dem Programm. Es wird vieles neu zu regeln und noch mehr zu deregulieren sein, wenn der Standort Deutschland wieder seinen alten Glanz erhalten soll.

Früher war Deutschland ein Vorbild für Japan, heute sagt man bei uns »Meister Deutschland ist faul geworden«. Aber die Substanz ist noch nicht ganz verlorengegangen, und ich treffe immer wieder Leute, die etwas verändern wollen. Aber es sind noch nicht genug. Die Beharrlichkeit, die notwendig ist, um ein großes Ziel zu verfolgen, ist durch das Beharren auf einmal getroffene Entscheidungen und einmal definierte Wege ersetzt worden.

3.

Verschwendung – ein großes Problem mit vielen Ursachen
Mehr als 50 Prozent des Materials und der Arbeit werden verschwendet

Mir ist aufgefallen, daß die Deutschen das Wort Verschwendung nur sehr selten gebrauchen. In den Gesprächen mit Unternehmern tauchen immer wieder Formulierungen auf wie »Rationalisierungspotential«, »ungenutzte Reserven« oder auch »natürlicher Schwund«. Offensichtlich will man mit diesen Worten etwas tarnen, für das man sich schämt und sich nicht traut, es beim Namen zu nennen: »Verschwendung«.

Ein Verschwender zu sein ist in Deutschland äußerst unfein, nicht wahr? Deshalb sind meine Gesprächspartner auch immer wieder peinlich berührt, wenn ich ihnen sage, wie verschwenderisch sie mit ihren Ressourcen im Unternehmen umgehen. Die meisten wollen es gar nicht glauben, bis ich sie förmlich mit der Nase darauf stoße. Wenn ich Ihnen jetzt erkläre, daß in deutschen Unternehmen im Durchschnitt mehr als die Hälfte aller Arbeit und allen Materials verschwendet werden, halten Sie mich bitte nicht für einen Spinner. Ich werde es Ihnen beweisen.

Was ich unter Verschwendung verstehe

Meine Definition von Verschwendung lautet:

Arbeit ist nur das, wofür der Kunde bereit ist zu zahlen. Verschwendung ist alles, was offensichtlich für die eigentliche Arbeit nicht benötigt wird.

Verschwendung von Kenntnissen und Fähigkeiten der Mitarbeiter

Zur Verschwendung gehört für mich ganz wesentlich, wenn wir die Talente, Fähigkeiten und Kenntnisse unserer Mitarbeiter nicht nutzen. In Deutschland sieht man in einem Arbeiter zu oft nur eine Hand, die etwas tut. In Japan sieht man immer den ganzen Menschen mit seinem Kopf. In Deutschland sagt man immer noch: »Du sollst nicht denken, du sollst arbeiten.« Wenn man das eine ohne das andere tut, dann ist es Verschwendung. Weil man arbeiten soll, ohne zu denken, deshalb glaubt man in Deutschland auch nur zu oft, daß ein Roboter einen Menschen ersetzen könnte. Aber der hat weder neue Ideen, noch macht er einen Verbesserungsvorschlag. Das ist ja auch nicht nötig? – Verschwendung. In Japan heißt es, frage lieber zehn Dumme als einen Weisen. Arbeiter sind aber nicht dumm, sie wissen viel mehr von dem, was sie tun, als einer, der nur einmal im Monat aus seinem Büro kommt und durch die Werkshallen eilt. Da sind wir schon wieder bei einem typisch deutschen Problem, und das ist der Informationsfluß. Jeder behält sein Wissen für sich. »Mach, was ich gesagt habe«, heißt es. Wenn man nicht weiß, warum man etwas macht, fällt es schwer, etwas besser zu machen. Eine Japanerin, die Platinen lötet, liest in ihrer Pause nicht etwa Groschenromane, sondern Computerbücher, damit sie versteht, was sie tut und wie das Gerät, das sie herstellt, funktioniert. Wenn sie dieses Wissen und das praktische Wissen von ihrem Arbeitsplatz zusammentut, dann weiß sie über ein ganz spezielles Problem vielleicht mehr als der Ingenieur, der dieses Werkstück konstruiert hat.

Wodurch entsteht Wertzuwachs?

Wenn wir sagen, daß Verschwendung alles ist, was nicht für die eigentliche Arbeit benötigt wird, dann ist die Frage: Was ist die eigentliche Arbeit? Das ist die Arbeit mit Wertzuwachs. Die definiere ich so:

Arbeit mit Wertzuwachs ist der Teil der Tätigkeit, für den der Kunde bereit ist zu zahlen.

In einer Fabrik ist es zum Beispiel der Druck einer Presse, um Teile zu formen, oder das Schweißen von Teilen, das Lackieren von Karosserien und das Anschrauben von Teilen. Dabei macht aber erst die letzte Umdrehung der Schraube den Wertzuwachs aus, denn erst dann ist das Teil richtig fest. Alle anderen Umdrehungen sind Verschwendung.

Können Sie sich ausmalen, wie viele Arbeitsstunden in Deutschland pro Tag verschwendet werden, um Schrauben einzudrehen, die vielleicht nur ein paar Millimeter zu lang sind? Ich habe es einmal versucht hochzurechnen. Denken Sie an alle Fabriken, Autowerkstätten, an alle Baustellen, überall, wo etwas produziert, gebaut, gewartet oder repariert wird, drehen die Leute an Schrauben. Wenn jeder Arbeitnehmer nur eine Sekunde pro Tag zu lange braucht, sind es allein in den alten Bundesländern bei 27 Millionen Beschäftigungsverhältnissen (1987) 7500 Stunden. Verschwendung!

Der Unterschied zwischen Bewegung und Arbeit

Wenn die Mitarbeiter eines Unternehmens zum Feierabend den Ausgängen zustreben, ist die Mehrheit sicher mit sich zufrieden und der festen Überzeugung, etwas geleistet zu haben. Die Bedeutung des Begriffs »Arbeit« ist jedoch individuell sehr verschieden. Manche empfinden es als harte Arbeit, wenn sie lediglich acht Stunden in der Firma verbracht haben. Für sie besteht Arbeit schon aus der Anwesenheit im Unternehmen. Sie allein reicht schon, um ihnen das Gefühl zu vermitteln, etwas geleistet zu haben. Für diese Menschen bedeutet es eine besondere Auszeichnung, wenn ihre Gehaltsabrechnungen bezahlte Überstunden ausweisen, denn diese werden als Zeichen besonderen Fleißes gewertet. Bewegen tun sie nichts.

Ein anderer hat das Gefühl, gearbeitet zu haben, wenn er ordentlich ins Schwitzen gekommen ist. Es gibt viele Deutsche, die glauben, wer schwitzt, arbeitet auch. Sie haben ein schlechtes Gewissen, wenn sie ihr Geld nicht im Schweiße ihres Angesichts verdient haben. Manche versuchen sogar, sich absichtlich körperlich anzustrengen, obwohl die Arbeit auch ohne Mühe zu verrichten wäre. Diese Gruppe von Mitarbeitern ist zwar stark in Bewegung, bewegt aber weniger, als sie glaubt.

Schließlich gibt es auch Mitarbeiter, die die Empfindung, gearbeitet zu haben, an der von ihnen geleisteten Wertschöpfung festmachen. Sie sind die einzigen, die wirklich arbeiten, aber auch ihre Arbeit wird nicht ausschließlich aus wertschöpfenden Tätigkeiten bestehen. Um die Verschwendung zu verringern, ist es nun notwendig, zwischen Bewegung und Arbeit zu unterscheiden und den Anteil der Bewegungen zu verringern.

Die täglichen Aktivitäten weisen jedoch keine eindeutige Grenze zwischen Arbeit und Bewegung auf. Beides vermischt sich permanent. Es kommt nun darauf an, die Verschwendung als solche zu identifizieren. Gelingt dies, ist ein erster positiver Schritt getan. Um Ihnen die Arbeit etwas zu erleichtern, habe ich in dem Abschnitt Verschwendung in der Produktion eine Liste der wichtigsten Formen von Verschwendung durch Bewegung aufgestellt.

Versteckte und offensichtliche Verschwendung

Ich mache gern eine Unterscheidung zwischen versteckter und offensichtlicher Verschwendung. Das Beispiel mit dem Eindrehen der Schrauben steht für versteckte Verschwendung. Als solche bezeichne ich alle Arbeiten, die keinen Wertzuwachs bringen, aber unter den gegebenen Bedingungen getan werden müssen. Offensichtliche Verschwendung ist die, die für jedermann sofort sichtbar ist oder es eigentlich sein sollte. Für mich läßt sie sich zunächst einmal losgelöst von der eigentlichen Produktion mit drei Worten fassen:

- Überproduktion
- Vorräte und Bestände
- Lagerhaltung

Zuviel des Guten ist Verschwendung

Überproduktion soll ein Mißstand sein? Ist es nicht gerade ein Zeichen von Schaffensfreude und Fleiß, wenn jemand mehr schafft, als er soll? Geht nicht der Stückpreis rasant nach unten, wenn man für denselben Lohn mehr Arbeit und mehr Produkte erhält als gefordert? Die Antworten auf diese Fragen können gefährlich werden, weil sie den Antwortenden möglicherweise entlarven, und zwar als jemanden, der leider nur einen beschränkten Gesichtskreis hat. Also Vorsicht.

Die Überproduktion als Ideal- und Glückszustand sollten wir eigentlich zusammen mit dem real existierenden Sozialismus zu Grabe getragen haben. Denn gerade in der Produktion der volkseigenen Betriebe spielte das Übersoll wohl eine herausragende Rolle. Konnte man damit doch Held der Arbeit werden, wenn man gleichzeitig unabsichtlich am Grab des eigenen Wirtschaftssystems mitschaufelte. 100, 200, 300 Prozent

Übersoll bei der Produktion von Gewindeschrauben, nur hat keiner die passenden Muttern hergestellt. Übererfüllung bei der Herstellung von Flaschenverschlüssen, nur die Flaschen fehlen. Die Produktion von Radkappen erreichte bereits in den Sommermonaten ihr Jahressoll. Anschließend stellten die Arbeiter Tischtennisplatten auf, weil die Produktion der dazugehörigen Autos leider weit unter Soll lag. Sind das nur Beispiele aus einer anderen, inzwischen vergangen Welt? Leider nicht. Diese Form von Verschwendung findet sich auch heute hier in Deutschland und überall in Europa, wo sich der Unternehmer freut, daß seine Arbeiter so schön fleißig sind. Überproduktion ist Verschwendung, denn sie benötigt Vorräte und schafft Bestände. Beide kosten Geld, weil sie beschafft, produziert, bewegt und gelagert werden müssen.

Vorräte und Bestände binden dringend benötigtes Kapital

Bestände fördern das Verhalten, den Arbeitsplatz zu verlassen. Hat man genügend vorproduziert, dann sollen die Kollegen erst einmal die Werkstücke abarbeiten, die schon fertig daliegen. Man selbst hat sich eine kleine Verschnaufpause verdient, schließlich war man besonders fleißig. Durch Überproduktion gewonnene Zeit wird von den meisten Arbeitnehmern als persönlich gewonnene Zeit angesehen, über die der Arbeitgeber nicht verfügen darf. Dabei muß ich mich natürlich fragen, warum ein Arbeitsprozeß so organisiert ist, daß nicht kontinuierlich mit voller Leistung gearbeitet wird oder werden kann.

Vorräte und Bestände führen auch zu einer schlechteren Qualität.
Sind genügend Teile vorhanden, dann stört es den weiteren Produktionsfluß nicht, wenn immer mehr Teile zu Ausschuß werden. Es ist ja genug da.

Vorräte und Bestände benötigen Fläche.
Je nach Produkt vielleicht nur ein paar Quadratzentimeter pro Arbeitsplatz, vielleicht auch den Platz einer Europalette oder mehr. Ich habe Werkshallen gesehen, in denen die Maschinen hinter den mehr als mannshoch gestapelten Vorräten verschwunden waren und man sich nur noch im Slalom bewegen konnte. Das ist der nächste Punkt. Vorräte und Bestände behindern, sie stehen zügigem Arbeiten buchstäblich im Wege.

Das schlimmste an Vorräten und Beständen ist, daß sie Probleme verdecken und verstecken.
Nehmen wir einmal an, 20 Prozent der Tagesproduktion eines Halbfertigprodukts sind defekt. Nun haben Sie schon fünf Tagesproduktionen als Vorrat hergestellt, bevor der Fehler aufgedeckt wird. Wollen Sie alles wegwerfen, wollen Sie anfangen zu sortieren, wissen Sie, wann und wie der Fehler aufgetreten ist und wie Sie ihn dauerhaft abstellen können? Solche Probleme lösen zu müssen ist Verschwendung, die durch Vorräte verursacht wird. Eine Maschine ist ausgefallen. »Nicht schlimm«, sagt der Meister, »wir haben noch Vorräte und können weiterarbeiten.« Welche Kosten durch den Maschinenausfall tatsächlich verursacht werden, verschleiern die Vorräte. Gleiches gilt für starke Schwankungen in der Produktivität. Die Kontrolle und Steuerung von Abläufen und Prozessen wird schwieriger, und das Erkennen von Verbesserungsmöglichkeiten wird erschwert. Daß Mitarbeiter an bestimmten Plätzen überflüssig oder falsch eingesetzt sind, wird durch Vorräte oder Bestände ebenfalls sehr wirkungsvoll verschleiert.

Mein Rat lautet, man sollte nur das produzieren, was gebraucht wird, soviel wie gebraucht wird und dann, wann es gebraucht wird. Setzen Sie Ihr Geld für andere Investitionen ein, nutzen Sie die Arbeitszeit für andere Tätigkeit, stellen Sie etwas anderes auf die freien Flächen, aber keine Vorräte und Bestände, das ist Verschwendung.

Lager sind für mich die Symbole der Verschwendung

Wie oft wurde ich schon bei einem ersten Rundgang durch eine Firma mit großem Stolz und sozusagen als Höhepunkt der Veranstaltung zu einem Lager geführt. »Das ist unser neues Hochregallager, es wird mit modernster Technik betrieben und hat soundso viele Millionen DM an Investitionskosten benötigt.« Ich habe dann immer nur einen Gedanken: Verschwendung. Die einzige Branche, die über ihr Lager Geld verdient, ist nach meinem Wissen die Weinkellerei.

Im Lager eines Unternehmens werden Betriebsmaterial, Rohmaterial, Halbfertigprodukte, Zukaufteile und Fertigwaren aufbewahrt. In Japan wird ein solches klassisches Lager »Friedhof« genannt. Auch in Europa und den USA ist man sich über die mit dem Lager verbundenen Probleme und Nachteile im klaren. Das Lager wird aber als »unvermeidbares Übel« bezeichnet, wobei die Betonung auf »unvermeidbar« liegt. In Japan wird »Übel« betont. Es ist keine Übertreibung, wenn ich sage, daß der grundlegende Unterschied zwischen dem japanischen und dem deutschen Produktionssystem in der Einschätzung der Bedeutung von Lagerbeständen liegt.

Im Lager wird viel Kapital gebunden, das an anderen Stellen produktiver eingesetzt werden könnte. Außerdem wird das Unternehmen durch Zinsen belastet.

Das Lager selbst trägt nicht zur Wertschöpfung bei und verursacht zusätzliche Kosten wie Miete, Versicherungen und Steuern.

Kleinlager in der Fertigung behindern die Produktionsabläufe, große Lager erfordern und binden Grundstücke und Gebäude. Lager erfordern Tätigkeiten wie Holen, Zählen, Aufnehmen und Ablegen. Diese Tätigkeiten leisten keinen Beitrag zur Wertschöpfung.

Je größer ein Lager ist, desto höher werden die Verwaltungskosten, wie zum Beispiel Inventuren.

Viele Lager in Deutschland benötigen eine besondere Belüftung und Beheizung, damit die Bestände nicht an Wert verlieren oder ganz verderben. Auch Energie kostet Geld.

Investitionen, Platz, Materialbewegungen ohne Ende, das sind nur die Spitzen des Eisbergs. Wie viele Teile werden in einem Lager beschädigt oder verlieren ihre Gültigkeit und Brauchbarkeit. Überflüssige Lagerbestände werden abgewertet und zu einem reduzierten Preis verkauft. Wieviel Arbeitszeit geht auch in einem modernen Lager mit Suchen verloren. Lager machen aus dem Fifo-Prinzip (first in, first out) einer Fabrik ganz schnell ein Fino-Prinzip (first in, never out).

Die Choreographie der Unproduktivität – Verschwendung in der Produktion

Als ich einmal mit dem Besitzer eines mittelständischen Unternehmens durch seine Fabrikationshallen ging, versuchte ich, ironisch zu sein. Es mißlang. Als ich nämlich sah, wie seine Arbeiter zwischen den viel zu weit voneinander entfernt stehenden Maschinen hin und her liefen, sagte ich zu ihm: »Ihre Leute bewegen sich aber tüchtig.« Er nickte stolz und stimmte zu: »Ja, ja, meine Mitarbeiter sind schon sehr fleißig.« Daß vor seinen Augen Verschwendung stattfand, hatte er überhaupt nicht begriffen. Das Geld lief ihm förmlich davon.

Gerade in der Produktion gibt es einige sehr ausgeprägte und produktionstypische Formen der Verschwendung. Eine davon ist, wie ich schon ausführte, die unnötige Bewegung von Mitarbeitern. Sie entsteht, wenn Materialien und Werkzeuge weit entfernt vom Arbeitsplatz aufbewahrt werden oder wenn Arbeitsabläufe schlecht organisiert sind. Auch eine schlechte Gestaltung des Arbeitsplatzes kann schuld sein. Wenn ich sage, daß Werkzeug und Material sich dicht am Arbeitsplatz befinden müssen, um unnötige Wege zu sparen, meine ich damit nicht, daß Zwischenlager eingerichtet werden sollen! Ich meine auch nicht, daß der Mitarbeiter sich nur noch wie ein Roboter auf ganz wenige Bewegungen beschränken muß, sondern daß überflüssige Wege und Handreichungen wegfallen. Hier sind zehn Beispiele für Bewegungen, die Verschwendung darstellen:

① Halbfertige Teile transportieren.
② Fertigwaren zählen.
③ Lagerbestände zählen.
④ Für die Weitergabe zum nächsten Arbeitsgang werden Teile in eine Transportverpackung getan.
⑤ Die Teile werden aus der Transportverpackung wieder herausgenommen.
⑥ Teile festhalten, die man auch einspannen könnte.
⑦ Einschichten von Teilen in ein Zwischenlager.
⑧ Herausnehmen von Teilen aus dem Zwischenlager.
⑨ Einen automatischen Arbeitsvorgang beobachten und glauben, man würde die Maschine kontrollieren.
⑩ Suchen nach Teilen, Werkzeugen usw.

Bei Yamaha in Japan wurden alle Wege, die von den meisten Leuten täglich mehrfach benutzt wurden, farblich markiert. Die jeweilige Farbe zeigte den kürzesten und ungefährlichsten Weg durch die riesige Montagehalle, auch den zu den Toiletten- und Waschräumen. Das hatte gleich zwei Vorteile. Jeder der 30 000 Mitarbeiter sparte pro Tag rund 30 Sekunden ein, das sind pro Tag immerhin 250 Arbeitsstunden nur durch Vermeidung von kleinsten Umwegen.

Und außerdem konnte sich auch jeder neue Mitarbeiter an jedem Standort innerhalb des Unternehmens sofort orientieren. Alle wurden flexibler, Einarbeitungszeiten wurden zusätzlich gespart. Das zu den unnötigen Bewegungen der Mitarbeiter.

Der Unterschied zwischen Steigerung der Arbeitsintensität und Vermehrung der Arbeit

Das Beseitigen von Verschwendung durch Verbesserungen und die rationellere Gestaltung von Arbeitsabläufen wird von den Mitarbeitern oft als Arbeitsvermehrung aufgefaßt. Es ist jedoch so, daß sich durch diese Verbesserungen die Wertschöpfung und damit die Arbeitsintensität von selbst erhöht. Nur zu oft wird aber nicht die Verschwendung eliminiert, sondern nur die Taktzahl erhöht. Dann vermehrt sich die Arbeit für den einzelnen Mitarbeiter. Dasselbe ist der Fall, wenn unter dem Vorwand der Verbesserung einzelne Arbeitsplätze gestrichen werden, ohne daß den Mitarbeitern die Möglichkeit gegeben wird, Veränderungen vorzunehmen. Diesem Auspressen von Mitarbeitern stehe ich sehr ablehnend gegenüber, weil es nur scheinbar die Verschwendung vermindert. Im Gegenteil, durch die geleistete Mehrarbeit des einzelnen wird sie nur verschleiert und weiter gefestigt.

Materialbewegung: Sportgerät Gabelstapler

Auch beim Material gibt es viele unnötige Bewegungen, besonders in der Los-Fertigung mit vielen Zwischenlagern. Beliebtestes Instrument zur Verschwendung ist der Gabelstapler. Er animiert die Mitarbeiter geradezu, fleißig Waren aufzunehmen,

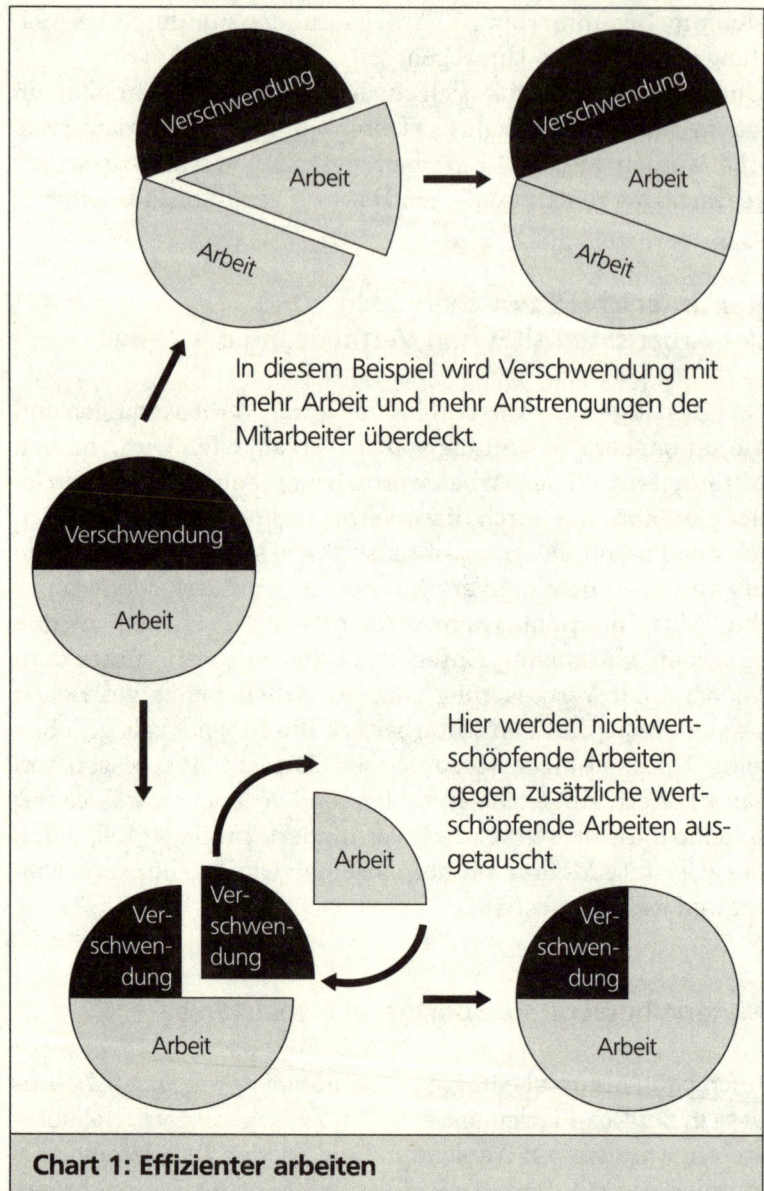

In diesem Beispiel wird Verschwendung mit mehr Arbeit und mehr Anstrengungen der Mitarbeiter überdeckt.

Hier werden nichtwertschöpfende Arbeiten gegen zusätzliche wertschöpfende Arbeiten ausgetauscht.

Chart 1: Effizienter arbeiten

umzusetzen und zu transportieren, das ist fast schon ein Volkssport in deutschen Fabriken. Jeder, der mit seinem Stapler durch die Hallen flitzt, hat das Gefühl, etwas sehr Wichtiges zu tun, besonders wenn er eine Palette aufnimmt, um sie dann exakt ausgerichtet einen Meter weiter wieder abzusetzen. Die meisten Gabelstapler sind nicht mit einem Kilometerzähler ausgerüstet, meist wird nach Betriebsstunden gerechnet. Ich empfehle, einen Kilometerzähler einzubauen. Ein großer Automobilhersteller ist diesem Rat gefolgt. Zum großen Erstaunen aller fuhren die Gabelstapler im Durchschnitt 390 Kilometer pro Monat. Selbst in verhältnismäßig kleinen Betrieben werden Kilometerleistungen von 200 und mehr pro Monat gemessen, dabei ist jeder Fahrweg manchmal nicht länger als fünfzig Meter.

Meine Empfehlung: Verzichten Sie auf den Gabelstapler, denn er verschleiert die Verschwendung durch Materialbewegungen. Sicher scheint das zunächst unmöglich, wahrscheinlich gibt es Chaos, und die Produktivität sinkt. Aber dann beginnen alle nachzudenken, wie man die Arbeit auch ohne Stapler organisieren kann. Genau das ist notwendig und erwünscht. Entfernungen werden verringert, es wird direkt an der Verbrauchsstelle angeliefert, und man rückt näher an den nachfolgenden Prozeß heran.

Ähnlich kritisch wie dem Gabelstapler stehe ich automatischen Transport- und Fördersystemen gegenüber. Sicherlich wird die Arbeit dadurch erleichtert, da das System die Arbeit des Menschen ersetzt. Aber das Problem des Transports an sich wird durch Automatisierung und Erhöhung der Geschwindigkeit nicht gelöst. Das ist der Fehler, der in dieser Denkweise immer noch steckt. Denn der Transport leistet keinerlei Beitrag zur Wertschöpfung. Also bedarf es einer radikalen Einstellung, die die Abschaffung des Transports fordert.

Die Automatisierung verschleiert einerseits den Blick für das wirkliche Problem, andererseits zementiert sie das Problem für die Folgezeit. Daß diese Fördersysteme Investitionsmittel, Energie und Arbeitskraft aufzehren, brauche ich wohl nicht zu erwähnen. Also nicht bestehende Abläufe automatisieren, sondern die Ablauforganisation unter dem Gesichtspunkt Transportverzicht neu überdenken, lautet mein Rat.

Kostbare Wartezeit

Wartezeiten sind ein weiterer Mißstand in der Produktion. Daß sie Verschwendung sind, leuchtet jedem ein. Nur scheinen sie vielen unvermeidbar zu sein. Warten auf Material deutet auf schlechte Organisation hin, warten, weil die Maschine ausgefallen ist, weist auf mangelnde Pflege hin, warten auf Qualitätsprüfungen kann ein Zeichen für Schwankungen in der Produktion sein, warten auf die nächste Arbeitsstation steht für mangelnde Koordination und für Lagerdenken.

Fehlerhafte Teile

Produktion von fehlerhaften Teilen ist ebenfalls eine ganz offensichtliche Verschwendung von Zeit und Mitteln. Fehlerhafte Teile müssen aussortiert und transportiert werden, zusätzliche Kontrollen sind notwendig, man braucht Platz für Reparaturbereiche und Zeit für die Nacharbeit. Suchen Sie nach den Ursachen, und sichern Sie die Qualität von Anfang an!

Verschwendung innerhalb geplanter Prozesse

Auch innerhalb geplanter Prozesse gibt es noch Verschwendung. Das kann der Leerlauf von Maschinen sein, wenn noch gar kein Material zugeführt wird, oder überflüssige Maschinenbewegungen, wenn zum Beispiel ein Greifarm zu lange Wege machen muß. Manchmal entspricht auch das Material nicht dem Prozeß. Das ist zum Beispiel so, wenn man versucht, Aluminium auf Maschinen zu bearbeiten, die für Stahlbearbeitung ausgelegt sind. Dann habe ich schon oft gehört, daß der Werkstoff Aluminium nichts tauge. Falsch, Material und Prozeß passen nicht zusammen.

Es gibt auch Sicherheitseinrichtungen, die zuviel Zeit in Anspruch nehmen. Glauben Sie nicht, ich wollte jetzt für weniger Arbeitssicherheit plädieren. Im Gegenteil, jeder noch so kleine Arbeitsunfall bedeutet menschliches Leid und ist außerdem Verschwendung. Aber es ist falsch, bei der Konstruktion von Sicherheitseinrichtungen nur an die Sicherheit und nicht an die Arbeitszeit zu denken. Außerdem lieben deutsche Ingenieure die Perfektion. Das hat sie schließlich weltberühmt gemacht, aber wenn jemand nur darüber nachdenkt, wie er Sicherheitseinrichtungen konstruieren kann, besteht die Gefahr, daß er den anderen Belangen zuwenig Aufmerksamkeit schenkt. Addiert er zur Sicherheit auch noch Schnelligkeit, hat er ein neues Verkaufsargument.

Werkzeugwechsel – die institutionalisierte Verschwendung

Nun möchte ich zu einem weiteren sehr wichtigen Thema kommen, dem Werkzeugwechsel. Hier treibt die Verschwendung nicht nur in Deutschland, sondern in ganz Europa ihre schönsten Blüten. Beim Werkzeugwechsel bestehen noch immense Wertschöpfungsreserven, die sich ausschöpfen lassen, und das hat eine ganze Reihe von Gründen.

Weil der Werkzeugwechsel soviel Zeit kostet, wird er nach Möglichkeit soweit wie möglich herausgeschoben. Alle, vom Geschäftsführer über den Meister bis hin zum Arbeiter, sind sich darüber einig, daß Werkzeugwechsel Zeitverluste bringt. Also möglichst selten das Werkzeug wechseln und möglichst hohe Stückzahlen von ein und demselben Produkt herstellen? Die nicht verkauften Mengen kann man ja auf das Lager nehmen. Sie wissen schon, worauf ich hinauswill, Lagerhaltung ist Verschwendung, und sie wird durch seltenere Werkzeugwechsel noch gefördert.

Werkzeugwechsel ist oft eine Arbeit, die den Meistern vorbehalten bleibt. Also ein Statussymbol, mit dem der Meister sich gegen seine nachgeordneten Mitarbeiter und auch gegen andere Meister abgrenzen kann. Meist ist ein gewisses Spezialwissen erforderlich, das erst in der Praxis erworben und dann wie ein Geheimnis gehütet wird. So macht man sich unersetzlich. Der Meister tut also einen Großteil oder zumindest die wichtigsten Arbeiten allein. Das kostet Zeit, die er aber seiner Unersetzlichkeit gern opfert. Ich habe es nur zu oft erlebt, daß die Vorgesetzten des jeweiligen Meisters nur sehr ungenaue Vorstellungen darüber haben, worin die Schwierigkeiten des Werkzeugwechsels bestehen und wie man sie beheben könnte. Die Geschäftsleitung muß einfach akzeptieren, was der Meister ihnen sagt.

Der nächste Punkt ist, daß viele Maschinen nicht unter dem Gesichtspunkt eines schnellen Werkzeugwechsels konstruiert worden sind. Oft scheinen Konstruktionspläne von Maschinen benutzt worden zu sein, bei denen ein Werkzeugwechsel überhaupt nicht vorgesehen war. Anders kann ich mir nicht erklären, weshalb ein Teil nicht durch eine einfache Spannvorrichtung gehalten wird, sondern von einer Vielzahl von Schrauben. Seit ich mich mit den Problemen des Werkzeugwechselns befasse, habe ich Schrauben hassen gelernt. Da werden zwei Teile von sechzehn Schrauben zusammengehalten. Einige Köpfe sind unterschiedlich groß. Man braucht verschiedene Schraubenschlüssel. Einige Schrauben haben das gleiche Gewinde, aber eine unterschiedliche Länge. Setzt man sie an der falschen

Stelle ein, merkt man es erst, wenn sie noch einen halben Zentimeter überstehen. Daß man in ein Loch vorher eine zu kurze Schraube eingedreht hat, merkte man natürlich nicht. Hier kommt die Erfahrung des Meisters zugute, die völlig überflüssig wäre, hätte man die Maschine besser konstruiert. Aber nicht nur die Maschinen sind nicht für den Werkzeugwechsel konstruiert worden, auch die Hallen, in denen die Maschinen stehen, wurden nur unter Produktionsgesichtspunkten geplant. Werkzeugwechsel gehörte nicht dazu. Der Platz ist manchmal viel zu eng, um mit Wagen oder speziellen Gestellen an die Maschine heranzufahren. Deshalb kann der Deutsche eines seiner Lieblingsgeräte einsetzen – den Kran. Mit keinem anderen Gerät wird beim Werkzeugwechsel so gern hantiert. Der Meister achtet auf die genaue Justierung, winkt ein bißchen nach links, noch ein bißchen, halt, jetzt wieder nach oben, halt usw. Es wäre besser, statt aufwendiger Justierungsarbeiten lieber gleich entsprechende selbstjustierende Vorrichtungen zu bauen. Ich selbst habe einem Unternehmen stundenlange Einrichtarbeiten erspart mit einem einzigen Filzschreiberstrich. Er wurde vor dem Ausbau angebracht und zeigte anschließend ganz exakt, wie die Teile aufeinander gehören.

Wie groß das Einsparungspotential sein kann, sehen Sie schon, wenn Sie die Zeiten stoppen, die Ihre Autowerkstatt zum Reifenwechsel braucht, und Sie diese mit den Zeiten beim Formel-1-Rennen vergleichen. Natürlich kommt es auf Teamarbeit, das richtige Werkzeug am richtigen Platz und auf serviceorientierte Maschinen an. In Japan gibt es das alles schon lange. Hier ein Beispiel: Es geht wieder um die Automobilproduktion. Da gibt es in jedem Werk mindestens eine große Presse, mit der die Türen geformt werden. Eine Form für die linke Tür, eine für die rechte. Der Werkzeugwechsel dauert bei einem Hersteller in Deutschland meist einen Arbeitstag, schafft man es in vier oder fünf Stunden, dann hat man sich beeilt und alles verlief ohne Komplikationen. Japanische Hersteller wechseln das gleiche Werkzeug an einer identischen Maschine innerhalb von 180 Sekunden! Wieso kann es so große Unterschiede geben? In Japan wird die Presse nach dem letzten notwendigen Werkstück gestoppt, die Haltevorrichtung gelöst und die Form nach links auf einen Wagen herausgeschoben. Die neue Form steht rechts neben der Presse und wurde bereits auf die Arbeitstemperatur vorgeheizt. Sie wird eingeschoben, arretiert, und schon läuft die Produktion weiter.

In Deutschland hat man für dieses Problem eine andere Lösung gefunden. Man kann sogar die 180 Sekunden noch unterbieten. Des Rätsels Lösung: Die Form wird überhaupt nicht mehr gewechselt. Die linke Tür produziert man in Deutschland und die rechte in England. Allerdings hat man an beiden Standorten ein paar zusätzliche Lager und einen eigenen Containerdienst eingerichtet. Neun Lkw besorgen den täglichen Pendelverkehr. Es gibt Gerüchte, daß man sogar schon über ein eigenes Fährschiff verfügt, weil diese raffinierte Fertigungsmethode ja auf viele Teile angewendet werden kann.

Noch ein Beispiel. Ich wurde zu einem Hersteller von Weißblechdosen gebeten. Er fertigte alles, runde und eckige, hohe und flache Dosen. Dafür hatte er mehrere Produktionsstraßen, für die jeweils ein Meister mit ein paar Mitarbeitern zuständig war. Wie Sie sicher schon richtig vermuten, stand jede Produktionsstraße für einen Tag still, wenn die Werkzeuge für eine andere Dosengröße gewechselt werden mußten. Jeder Meister hatte seine Produktlinie und war fest darauf bedacht, nichts preiszugeben.

Mein Vorschlag, daß sich alle Meister beteiligen sollten, als an einer Straße wieder ein Wechsel anstand, wurde nur sehr widerwillig angenommen. Meine Argumente wirkten ehrlich gesagt weniger als der Druck der Geschäftsführung. Nach eineinhalb Stunden war die ganze Arbeit geschafft und das Erstaunen groß. Ein Zurück zur alten Methode war jetzt völlig ausgeschlossen, also machten wir uns gemeinsam daran, jetzt die Feinheiten zu organisieren. Das richtige Werkzeug in der richtigen Reihenfolge bereitlegen und was es noch alles im Detail zu verbessern gab. Heute braucht man für die gleiche Arbeit nur noch 15 Minuten, und es sind drei Leute weniger notwendig.

Weshalb eine große Anlage schlecht ist

Nehmen wir einmal an, ein Unternehmen beschafft zur Steigerung eines einzelnen Arbeitsganges innerhalb eines Produktionsprozesses eine neue Maschine. Diese ist, wie sollte es anders sein, teuer. Die logische Schlußfolgerung für die Unternehmensleitung besteht nun natürlich darin, die schnelle Amortisation dieser Maschine dadurch zu forcieren, daß sie entsprechend ihrer Leistungsfähigkeit ausgelastet wird. Die Produktionsmenge wird also an der Leistung der Maschine orientiert und nicht am tatsächlichen Bedarf der Kunden. Das Amortisationsdenken verzerrt somit die Produktionsleistung. Wie unter dem Gesichtspunkt des Werkzeugwechsels wird auch bei einer neuen, leistungsfähigeren Maschine sofort die Produktion größerer Stückzahlen favorisiert – mit den Ihnen bekannten Folgen und Problemen, die natürlich von den Herstellern der Maschinen nicht erwähnt werden. Ähnlich wie die Autos in den vergangenen Jahrzehnten immer PS-stärker wurden, steigerte sich auch die Leistung der Werkzeugmaschinen. In bestimmten Bereichen sind kleine Maschinen überhaupt nicht mehr erhältlich.

Dabei ist die Abfolge des Arbeitsablaufs primär, nicht das Werkzeug. Es muß bei der Veränderung des Arbeitsablaufs den neuen Bedingungen angepaßt werden können, und es muß sich auch in den bestehenden Arbeitsablauf einpassen. Je größer eine Maschine ist, desto weniger anpassungsfähig ist sie. Ich weiß, daß viele Ingenieure und auch Unternehmer in ihre kom-

plexen Anlagen und Fertigungsstraßen verliebt sind wie andere
Leute in ein Kunstwerk, aber Liebhaberei ist eine schlechte
Geschäftsgrundlage.

In einer holzverarbeitenden Fabrik hatte man Probleme beim
Pressen von Sperrholz, deshalb wurde zur Verkürzung der Preß-
zeit eine leistungsfähigere Maschine gefordert. Wie sich dann
aber kurz nach Inbetriebnahme dieser mehrere hunderttau-
send Mark teuren Maschine zeigte, konnte sie für bestimmte
Teile nicht eingesetzt werden, weil diese in einem vorhergehenden Arbeitsschritt mit Metallklammern verstärkt worden waren. Hier hatte man also nicht den gesamten Produktionsfluß
berücksichtigt, sondern sich nur auf einen Arbeitsschritt kon-
zentriert. Diese Maschine stellt sich als Fehlkauf heraus, da sie
die meiste Zeit unbenutzt blieb.

Leider ist die Bereitschaft, Geld in eine Maschine zu investieren, in vielen Unternehmen immer noch größer, als die Arbeitsabläufe zu optimieren. Bei der Maschine sieht man wenigstens,
was man für sein Geld hat, ist ein oft gehörtes Argument.

In einer Fabrik, die Einzelteile für elektrische Schaltungen und
Steuerungen herstellt, wollte man Personaleinsparungen durchführen und suchte nach geeigneten Rationalisierungsmöglich-
keiten. Ein Ingenieur schlug die Automatisierung eines vollständigen Arbeitsganges vor, die von der Materiallieferung bis
zur endgültigen Fertigstellung reichen sollte. Für drei Millionen DM wurde die entsprechende Anlage beschafft und die
Produktion aufgenommen. Ziel war es, Produkte mit gleicher
Qualität wie früher in größerer Stückzahl mit weniger Mitarbeitern zu fertigen. Das klappte auch soweit, und man war zunächst zufrieden. Allerdings stiegen die Stückkosten über das
vorherige Niveau. Das merkte man jedoch erst, als die Produktion angelaufen und ein Zurück nicht mehr möglich war.

Anstelle eines Menschen, der an seinem Arbeitsplatz stehend
verschiedene Teile auf eine Platine lötete, hatte man jetzt ein
Fließband, an dem viele verschiedene Roboter standen, die

jeweils nur einen Handgriff beherrschten. Deshalb waren bestimmte Roboter nur damit beschäftigt, für den nächsten Arbeitsschritt Teile umzusetzen. Bestimmte Teile wurden in Losen von zwanzig Stück in einem Bad verlötet. Darunter litt allerdings die einheitliche Qualität. Dies konnte man durch einen computergestützten Kontrollautomaten auffangen, der den Ausschuß aussortierte.

Da das Fließband rund hundert Meter lang war, brauchte man für seinen Betrieb wesentlich mehr Lagerteile. Diese wurden durch einen zusätzlichen Transportroboter herbeigeschafft. Die Verschwendung war mit der Produktionsstraße fest und nahezu unwiderruflich installiert worden. Handarbeit hat dagegen den großen Vorteil, daß sich selbst hartnäckige Verschwendung durch Neustrukturierung reduzieren läßt.

Um die Produktionsmenge zu verdoppeln, wurde bei einem Spritzgußhersteller ein neues großes Granulatgebläse gekauft, für das man eine eigene Halle einrichtete. Für die Versorgung mit dem Rohmaterial vom Lager beschaffte das Unternehmen einen Gabelstapler. Nach Inbetriebnahme stellte man bei etwa 10 Prozent der gefertigten Teile Kratzer und andere Schäden fest, die auf die Kollision der Granulatteile im Gebläse zurückzuführen waren. Zwei zusätzliche Mitarbeiter erhielten die Aufgabe, die fehlerhaften Teile auszusortieren.

Fassen wir noch einmal zusammen, weshalb große Anlagen schlecht sind:

- Die Anschaffung kostet viel Geld.
- Die Einführung neuer Maschinen ohne eine Verbesserung des Arbeitsablaufs verfestigt die Verschwendung.
- Die Einführung neuer Maschinen ist unwiderruflich.
- Große Anlagen fördern die Tendenz, die Maschinen in den Mittelpunkt aller Überlegungen zu stellen.
- Große Anlagen fördern die Neigung, unabhängig von Kundenwünschen zu produzieren.

Die Papierfabrik mit großer Werkstatt – Verschwendung im Büro

Mit Sicherheit kennen Sie den Witz, daß in einigen tausend Jahren Archäologen im Raum Wolfsburg die Reste einer riesigen Anlage ausgraben und nach umfangreichen Rekonstruktionen feststellen, daß es sich wohl um eine riesige Papierfabrik gehandelt haben muß, an die allerdings eine große Autowerkstatt angeschlossen war. Auch der Name dieser Anlage wurde entziffert: Volkswagen-Werk. Es hätte allerdings auch jedes andere Großunternehmen sein können.

Überall wird parallel zur eigentlichen Produktion von Gütern eine Flut von Informationen bewegt, gesammelt, gespeichert, weitergeleitet und abgegeben. Büroarbeit ist nämlich nichts anderes als Informationsmanagement, ganz egal, ob es sich um die Personalabteilung oder um die Buchhaltung handelt. Eine Rechnung ist eine Information, die sich an den Kunden richtet und ihn darüber informiert, daß er eine bestimmte Summe zu zahlen hat. Ein Kontoauszug informiert mich anschließend darüber, ob dieses Geld auf meinem Konto eingegangen ist. Falls das nicht der Fall sein sollte, gebe ich eine entsprechende Information an die Rechtsabteilung usw. Ist der Fall erledigt, bewahre ich die Unterlagen für das Finanzamt auf, ich speichere die Informationen.

Ein Automobilhersteller in Deutschland hatte ein großes Problem: Das Verwaltungsgebäude, in dem die Buchhaltung saß, war zu klein geworden. Es sollte deshalb ein neues, größeres gebaut werden. Man bat mich, Vorschläge zu unterbreiten, wie man dieses aus meiner Sicht möglichst zweckmäßig gestalten sollte. Also schaute ich mir zunächst die vorhandenen Räume an. Was auffiel, waren die unendlichen Reihen von Aktenschränken. Ich fragte mich, ob diese vielen Akten wirklich jederzeit zur Hand sein mußten.

Bevor wir uns Gedanken über das neue Gebäude machten,

schlug ich den Mitarbeitern vor, daß sie an jeden Ordner einen kleinen gelben Zettel heften sollten, der in dem Moment, wenn die Akte zur Hand genommen wird, entfernt werden kann. Nach sechs Monaten waren erst 4 Prozent der Akten benutzt worden. Nach einem Jahr stellte sich dann heraus, daß insgesamt nur 6 Prozent mindestens einmal zur Hand genommen worden waren. Die übrigen 94 Prozent blieben das ganze Jahr über unberührt. Statt in ein neues Gebäude zu ziehen, brachte man die Akten in Lagerräume, um den deutschen Rechtsvorschriften zu genügen. Neubau und Umzug wurden eingespart. Die vorhandenen Büros sind heute noch groß genug.

Auch im Bürobereich gilt: *Verschwendung ist alles, was offensichtlich für die eigentliche Arbeit nicht benötigt wird. Arbeit ist nur das, wofür der Kunde bezahlt.*

Es wird mir gegenüber immer wieder behauptet, daß sich diese strengen Maßstäbe nicht an die Büroarbeit anlegen ließen. Büroarbeit sei unumgänglich, sei übergeordnet, und die Kosten müßten eben von allen als sogenannte Overhead-Kosten getragen werden. Damit gebe ich mich nicht zufrieden, denn so schafft sich jeder im Büro nur die Legitimation für unnütze Selbstverwaltung und für Tätigkeiten als Selbstzweck.

Wenn ich über Büroarbeit spreche, dann meine ich zunächst einmal nicht die staatliche Verwaltung, über die alle gern schimpfen. Sie erbringt ihre Leistungen zwar auch überwiegend durch Büroarbeit, bildet aber mit ihren auf Transparenz gegenüber den Parlamenten ausgelegten und den überwiegend durch Gesetze geregelten Arbeitsabläufen eine Ausnahme. Allerdings gibt es auch dort genügend Verschwendung und Uneffektivität, die nicht notwendig und begründbar ist. Wichtig ist mir aber jegliche Art von Büroarbeit in der Wirtschaft.

Management by Helikopter

Die Probleme beginnen ganz oben. Die Chefs sind so beschäftigt, daß sie kaum noch zu produktiver Arbeit kommen. Sie verwalten nicht mehr, sie werden verwaltet, und zwar durch ihre Sekretärin im Vorzimmer. Wer kennt nicht mindestens ein Unternehmen, in dem diese Frauen mächtiger sind als ihr Chef? Sie entscheiden, welche Informationen er von wem erhält, sie entscheiden, wer ihn anrufen darf und wer nicht, sie entscheiden, was wichtig und was unwichtig ist. Irgendwann sehen solche verwalteten Chefs ihr ganzes Unternehmen nur noch mit den Augen ihrer Sekretärin. Dabei glauben sie auch noch, daß sie besonders rationell und effektiv arbeiten. In Wirklichkeit sind sie völlig überflüssig. Sie könnten auch nach Hause gehen und einfach ein paar Blankounterschriften hinterlassen, wie es ja wohl auch ein deutscher Wirtschaftsminister, der jetzt keiner mehr ist, gemacht hat.

Eine nächste Leidenschaft deutscher Unternehmer ist das Reisen. Nicht die Informationen werden bewegt, sondern die Menschen. Für ein Zweistundengespräch jetten die hochbezahlten Manager gern durch die Welt, sitzen zehn Stunden im Flugzeug, »da kann ich wenigstens in Ruhe arbeiten«, heißt es immer, verbringen weitere vier Stunden auf Flughäfen und in Taxis und kämpfen anschließend mit dem Jet-lag. Jede Videokonferenz wäre billiger, aber nicht so bedeutungsvoll.

Durch ständige Dienstreisen läßt sich die eigene Wichtigkeit besonders gut unterstreichen. Eine ganze Armada von Mitarbeitern ist damit beschäftigt, stets den Standort festzustellen, Faxe an Hotels zu schicken und die Bitten um Rückrufe entgegenzunehmen. Entscheidungen werden über Tage und manchmal Wochen hinausgezogen. Management by Helikopter nennt man die Methode wohl in Deutschland. Meistens ist der Chef weg; wenn er kommt, wirbelt er viel Staub auf und verschwindet dann wieder. Das meiste ist Verschwendung, besonders wenn es sich um Kongresse, Verbandstagungen oder Messen handelt. Ich habe es nur zu oft erlebt, daß gerade diese vielbeschäftigten Führungskräfte ihre eigene Produktion schon seit Jahren nicht mehr betreten haben. Ein paar hundert Meter Fußweg waren im Gedränge der Termine nicht mehr drin, dabei hätte der Besuch vor Ort mehr Informationen gebracht als jede Fachtagung.

Suchen, warten und kopieren

Ich möchte nicht den Eindruck erwecken, als wenn die Verschwendung nur in der Chefetage stattfinden würde. In vielen Büros scheint jeden Tag Ostern zu sein, so wird dort gesucht. Nach Akten, Preislisten, Heftern, Formularen und nach Kollegen, die gerade nicht am Platz sind, wenn ihr Telefon klingelt. Eine wesentliche Rolle zur Vergrößerung der Verschwendung hat der Computer übernommen, obgleich sein Einsatz ja immer mit der entgegengesetzten Wirkung begründet wird. Neben den Beschaffungs- und Wartungskosten, computertypischen Hard- und Softwarefehlern, unverständlichen Bedienungsanleitungen, unendlich langen Einarbeitungszeiten und programmimmanenten Bedienungsfehlern fördert natürlich auch der Computer das Suchen von Dateien und Disketten, das Warten auf den Ausdruck und das perfektionssüchtige Neuausdrucken langer Texte, wenn auch nur der kleinste Fehler entdeckt wird. Änderungen sind mit dem Computer so einfach geworden, daß der Anspruch an das äußere Erscheinungsbild eines Textes immer weiter gesteigert wurde. Wieviel Zeit dadurch verschwendet wird, interessiert niemanden. Über unnötige Kopien möchte ich eigentlich keine Worte mehr verlieren, aber über organisationsbedingte Wartezeiten. Ein großer Computerhersteller hat einmal ermittelt, wieviel Zeit für eine Einkaufsanforderung ohne Ausschreibung benötigt wurde. Es waren 8,9 Tage, die sich wie folgt aufteilten:

4,5 Tage Warten,
3,0 Tage Hauspost,
1,0 Tage Korrekturen,
0,4 Tage effektive Bestelltätigkeit.

Die gesamte Zeit verteilte sich über die Stationen Sachliche Freigabe, Fachliche Freigabe, Finanzielle Freigabe und Einkauf. Nach dieser Analyse hatte man den Eindruck, daß es auch schneller gehen müßte.

Wie lange dauert bei Ihnen im Durchschnitt ein einzelnes Telefongespräch? Versuchen Sie die Einser-Methode! Nur eine Seite pro Vorgang schreiben, nur eine Minute telefonieren, nur eine Stunde für die Konferenz und nur ein Tag, um eine Entscheidung zu fällen. So pauschal geht es nicht? Versuchen Sie es.

Stehen Sie beim Telefonieren auf, und Ihre Gespräche werden kürzer werden. Im Stehen arbeitet es sich generell effektiver. Reden Sie am Telefon nicht über das Wetter, entweder ist es schlecht, war es schlecht oder es wird schlecht werden.

Die Finanzabteilung eines großen Autoherstellers hat versucht, sich an diese zugegeben simplen, manche sagten mir auch albernen, Ratschläge zu halten. Anschließend fand man sie nicht mehr albern. Die Telefongebühren reduzierten sich innerhalb eines Monats um 40 000 DM.

Wie lang sind eigentlich die Wege im Büro? Wo steht der Fotokopierer und wo das Faxgerät? Nur zu oft sind diese Geräte nicht am Arbeitsplatz zu finden, sondern an einer zentralen Stelle eines Stockwerks oder gar im Kellergeschoß eines Gebäudetraktes. Ständig ist eine nicht genau zu überschauende Zahl von Mitarbeitern auf dem Weg zum Kopierer oder zum Faxgerät. Über diese Geräte funktioniert zwar nicht die innerbetriebliche Information, aber Klatsch und Gerüchte werden an diesen Treffpunkten allemal verbreitet. Sachbearbeiter haben Leerlauf, weil sie von der Poststelle nicht über den Eingang einer Faxmitteilung informiert worden sind, auf die sie dringend warten. Der Grund, weshalb diese Geräte zentral aufgestellt werden, ist ganz einfach: Auch im Büro wird Wert auf Perfektion gelegt. Also kauft man lieber eine teure Maschine, die alles kann, als mehrere billige, die dort stehen könnten, wo sie gebraucht werden. Viele Bürogebäude haben in Deutschland nicht mehr die Aufgabe, Arbeitsstätten zu sein, sondern zu repräsentieren. Auch ein Arbeitsplatz soll schön sein, aber er wird von der Funktion bestimmt. Funktionalität und Flexibilität sehen deutsche Architekten aber immer noch hauptsächlich durch lange Flure mit vielen kleinen Kaninchenställen zu beiden Seiten gewährleistet. Echte Teamarbeit kann so nicht gefördert werden, und der gemeinsame Gebrauch von Akten wird nahezu unmöglich gemacht.

Betonbunker statt blühender Gärten – Verschwendung erkennen

Da es so vielfältige und offensichtliche Formen der Verschwendung gibt, sollte man meinen, jedes Unternehmen könnte sie sofort ohne Schwierigkeiten entdecken und beseitigen. Dem ist aber keineswegs so. Verschwendung zu erkennen und als solche zu benennen ist fast genauso schwierig wie ihre anschließende Beseitigung. Selbst für die übelste Verschwendung wird irgendein leitender und wahrscheinlich langjähriger und zuverlässiger Mitarbeiter noch eine plausible Begründung zur Hand haben und sich mit aller zur Verfügung stehenden Kraft gegen ihre Abschaffung stemmen. Man wird Festungen gegen Sie errichten und versuchen, Ihnen diese Betonbunker als blühende Gärten des Fortschritts zu verkaufen.

Sie werden erstaunt sein, wie viele Arbeitsplätze ihre Existenz einzig und allein durch überflüssige und nutzlose Verrichtungen begründen können. In den Zeiten des Überflusses wurden ganze Abteilungen geschaffen, die nur dazu dienten, Mitarbeiter, denen nicht gekündigt werden konnte, einen Arbeitsplatz zu geben, auf dem sie zwar keinen Nutzen brachten, auf dem sie aber auch keinen Schaden anrichten konnten.

Vielleicht gibt es auch in Ihrem Haus eine Grundsatzabteilung für Formularwesen, ein von einem früheren Vorstand geleitetes firmenhistorisches Archiv, eine Abteilung für kulturelle Aktivitäten oder ein Referat für die Vereinheitlichung der optischen Gebäudegestaltung. Mit dieser Aufzählung möchte ich dem verehrten britischen Kollegen Northcoth Parkinson keine Konkurrenz machen. Oft ist es allerdings auch so, daß bestimmte eminent wichtige Funktionen gar nicht als solche angesehen werden und ebenfalls ihren Platz in der oben genannten Liste finden. Das sind dann nur zu oft der Kundendienst, die Patentabteilung oder auch die Werbung. Eklatante Fehlentscheidungen!

Meine Methoden, Verschwendung zu entdecken, werde ich im Praxisteil diese Buches noch ausführlich beschreiben. Sie werden allerdings von vielen als ziemlich rabiat empfunden. Stellen wir uns zunächst ein Unternehmen als einen Stausee vor, bei dem auf der einen Seite Rohstoffe zu- und auf der anderen Seite Fertigwaren abfließen. Die Oberfläche des Sees ist eine gleichmäßige Fläche, von einem Ufer bis zum anderen. Dann gehen wir davon aus, daß wir den Inhalt des Stausees, der durch die Vorräte und Bestände gebildet wird, regulieren können. Jetzt senken wir den Wasserspiegel langsam ab. Was, meinen Sie, geschieht? Kommt irgendwann ein glatter, ebener Boden zutage? Nein.

Plötzlich erscheinen massive Felsen an der Oberfläche, die vorher verdeckt waren. Diese Felsen sind die alltäglichen Probleme, wie Ausschuß, Maschinenausfälle und fehlendes Material. Vielleicht haben Sie geahnt, daß es solche Felsen gibt, aber wahrscheinlich glaubten Sie, daß diese Hindernisse viel kleiner

Bestände verdecken Probleme.
Um die Probleme zu finden, müssen
sie zuerst sichtbar gemacht werden.

Die Probleme erscheinen, wenn die Bestände
(Material im Prozeß) gesenkt werden.

Wasserstand
= Lagerbestände

Felsen = Probleme

Fehlendes
Material

Maschinen-
ausfälle

Ausschuß

Nicht sichtbare Felsen = verschleierte Probleme

Sichtbare Felsen = erkannte Probleme

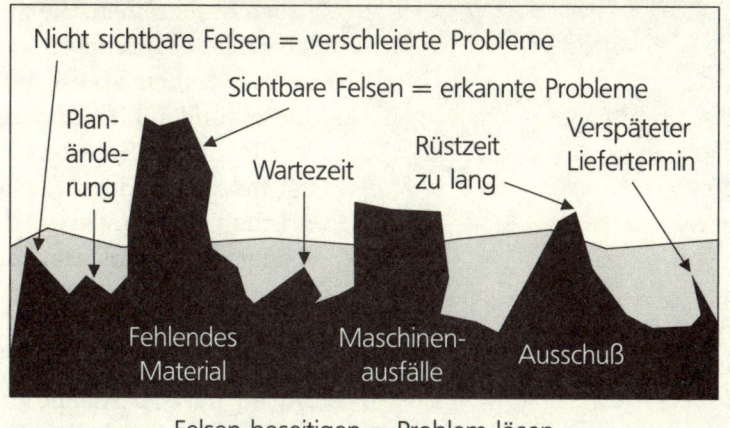

Plan-
ände-
rung

Wartezeit

Rüstzeit
zu lang

Verspäteter
Liefertermin

Fehlendes
Material

Maschinen-
ausfälle

Ausschuß

Felsen beseitigen = Problem lösen
= Verschwendung beseitigen

Chart 2: Wie sind Probleme zu erkennen?

seien und viel tiefer lägen. Nun aber stehen sie als massive Probleme vor Ihnen. Machen Sie sich bereit, diese Probleme zu beseitigen. Nur wer der Realität ausweichen möchte, läßt den Wasserstand wieder steigen (Chart 2).

Erhöhen Sie den Leistungsdruck, nehmen Sie einen oder zwei Mitarbeiter aus einer Abteilung heraus, und fragen Sie dann, welche Arbeiten überflüssig sind. Erst unter Druck entsteht die Bereitschaft, Ballast über Bord zu werfen.

Wenn Sie eine Führungskraft in einem Unternehmen sind, werden Sie allein nicht in der Lage sein, Verschwendung zu erkennen. Wahrscheinlich werden Sie den Hebel sogar an der falschen Stelle ansetzen. Sie brauchen die Unterstützung Ihrer Mitarbeiter, und zwar der Mitarbeiter, die nicht führen und leiten, sondern die Arbeit ganz an der Basis tatsächlich tun. Die Arbeiter, die genau gesagt bekommen haben, was und wie sie etwas tun sollen, und zwar von Leuten, die diese Arbeit selbst noch nie gemacht haben. Wenn Sie Verschwendung erkennen wollen, erkennen Sie zunächst den Wert Ihrer Mitarbeiter.

4.
Kundenfeindlichkeit – radikales Umdenken ist unvermeidlich!
Die unterschiedliche Betrachtungsweise des Kunden in Japan und Deutschland

Das Thema Kundenorientierung liegt mir besonders am Herzen. Der Erfolg japanischer Unternehmen beruht nämlich zu einem sehr großen Teil auf Kundenorientierung. Was allerdings damit in Japan genau gemeint ist, scheint in Deutschland nur sehr schwer verstanden zu werden. Dabei ist die deutsche Wirtschaft fest davon überzeugt, ebenfalls kundenorientiert zu handeln. Anders kann eine Marktwirtschaft doch gar nicht funktionieren. Das stimmt. Nur glaube ich, daß Kundenorientierung in Deutschland und Japan ganz unterschiedlich interpretiert wird.

In Deutschland dreht sich alles um den *Kunden als Ziel* der produzierten Waren und Dienstleistungen. Er soll etwas tun, nämlich die produzierten Waren oder eine definierte Dienstleistung kaufen. In Deutschland steht die Frage im Mittelpunkt: »Was müssen wir tun, um die produzierte Ware oder die Dienstleistung so interessant zu machen, daß der Kunde sie kauft?«

In Japan dreht sich alles um den *Kunden als Quelle* der Ideen für die Produktion, für Preis und Menge. Das gilt auch für die dienstleistende Wirtschaft. In Japan soll der Produzent etwas tun, nämlich die Waren und Dienstleistungen anbieten, die der Kunde haben möchte. Die zentrale Frage lautet: »Welche Ware will der Kunde haben, und welche Leistungen und Dienstleistungen erwartet er in Verbindung mit dem Produkt zusätzlich?«

Berücksichtigt man diesen gravierenden Unterschied, dann

werden Sie verstehen, daß ich aus japanischer Sicht in Deutschland fast ein Klima der Kundenfeindlichkeit feststelle. Sie äußert sich durch Gleichgültigkeit, Unwilligkeit, Rechthaberei und Aggressivität bei den Leuten, die direkt mit dem Kunden umgehen, aber auch durch eine ganze Reihe interner, vertragsrechtlicher sowie staatlicher Vorschriften und Regelungen. Kundenfeindlichkeit ist für mich ein sehr spezielles Thema, weil ich, seit ich in Deutschland lebe, tagtäglich als Kunde damit konfrontiert werde.

So wie mir die Verschwendung in jedem Unternehmen sofort ins Auge fällt, ist es hier in Deutschland die fehlende Kundenorientierung. Sie ist für mich noch schlimmer als Verschwendung. Sie vergeudet Arbeitszeit, sie läßt teure Werbegelder nutzlos versickern, aber sie tut noch etwas viel Schlimmeres, sie erstickt jeden Gedanken an Verbesserung im Keim. Aus der Sicht der Hersteller und des Handels ist nämlich der Kunde an allem schuld. Da gibt es die schönsten Waren, und er weigert sich beharrlich zu kaufen. Hier muß radikal umgedacht werden. Diese Forderung nach Umdenken scheint in Deutschland allerdings immer noch ungehört zu verhallen, zumindest bei denjenigen, die es betrifft. Anders kann ich es mir nicht erklären, daß die Schott Glaswerke aus Mainz eine ganzseitige Werbekampagne in Tageszeitungen aufgelegt haben, bei der sie Kundenorientierung zum zentralen Thema machen. So sagen sie:»Bei der Entwicklung eines Glas-Designs setzen wir von Schott-Zwiesel nicht allein auf internationale Design-Trends, sondern auch auf intensive Zusammenarbeit und ständigen Gedankenaustausch mit den Partnern in Handel und Vertrieb. Wir haben nicht nur den Ehrgeiz, Europas Nr. 1 bei Spezialglas zu bleiben, sondern auch bei der Kundenorientierung vorne zu liegen. Wir suchen nach Wegen, die unsere Kunden weiterbringen. Schott Total Customer Care.«

Ich zitiere aus einer Anzeige deshalb so ausführlich, weil diese Aussagen aus japanischer Sicht rührend hilflos aussehen. Da besteht der USP eines europäischen Marktführers einzig aus der Tatsache, daß er sich um seine Kunden kümmert. Für uns ist das eine Selbstverständlichkeit. Das wäre in Japan schon ein Witz, fast so, als wenn Toyota erklären würde, daß die Autos deshalb fahren, weil man jetzt dazu übergegangen sei, einen Motor einzubauen. Andererseits ist es erschreckend und traurig, denn die Werber von Schott sind ja sicher aus einem guten Grund auf dieses Thema gekommen, vorher hat sich in der Glasbranche offensichtlich wirklich niemand auch nur einen Pfifferling um seine Kunden geschert, und von den Wettbewerbern scheint es auch heute niemand zu tun.

Dem *Spiegel* war die Kundenfeindlichkeit deutscher Unternehmen Mitte 1994 sogar eine Titelgeschichte wert. Weshalb? »Durch die rüde und schlampige Behandlung der Kundschaft entgehen deutschen Unternehmen jedes Jahr Milliardengewinne.« Auch hier sollte es mich eigentlich erstaunen, daß den deutschen Unternehmen dieser Hinweis vom größten deutschen Nachrichtenmagazin gegeben werden muß. Ich bin aber nicht verwundert. Es ist meine erlebte tägliche Praxis, manchen deutschen Unternehmer muß man wie einen Ochsen an den Ohren packen, um ihn zum Saufen zu führen.

Der Kunde steht im Mittelpunkt und deshalb im Wege

Ich könnte unzählige Beispiele für mangelnde Kundenorientierung aufzählen. Natürlich findet man sie in Deutschland besonders dort, wo sich zwei scheinbar natürliche Feinde, Verkäufer und Kunde, auf engstem Raum begegnen: in einem Geschäft. Offensichtlich gibt es dort Machtverhältnisse, die von beiden Seiten als gegeben akzeptiert werden. Mir hat eine Verkäuferin einmal ganz klar gesagt:»Ich brauche Sie nicht. Ich verdiene mein Geld auch so. Aber Sie brauchen mich.« Verkäufer sehen sich sehr oft in der Rolle einer Aufsichtsperson oder eines obrigkeitlichen Sachverwalters. Die zentrale Frage bei allen Dienstleistern scheint zu sein: »Wer will hier was von wem?« Die Antwort scheint logisch zu sein: Der Kunde will was vom Verkäufer, sonst hätte er den Laden nicht freiwillig betreten. Schlußfolgerung: Dann muß er sich auch anständig benehmen, und das heißt gegenüber dem Verkäufer freundlich, höflich, hilfsbereit, kompetent in der Sache und entgegenkommend beim Preis zu sein, zu warten, falls der Vorgesetzte den Verkäufer zu sprechen wünscht, und auch sonst den Verkaufsvorgang nicht durch vertiefende Fragen oder Sonderwünsche unnötig hinauszuzögern.

In den Supermärkten habe ich den Eindruck, daß die Angestellten so schlecht bezahlt werden, daß sie ihren Ärger darüber am Kunden abreagieren müssen. Die Unfreundlichkeit, die ich erlebt habe, ging wirklich schon ins Bodenlose, sie behandeln jeden Kunden wie einen Kriminellen. Vielleicht würden diese Leute wirklich zuwenig erhalten, wenn man sie nur als Aufpasser gegen Ladendiebe eingestellt hätte, als Verkäufer sind sie jedoch eindeutig überbezahlt. Als ich ein Sonderangebot suchte, sagte mir die Verkäuferin: »Haben wir nicht.« Als ich mit meinem Einkaufswagen um die nächste Ecke bog, stand ich vor einem ganzen Berg dieser Waren. Immer wieder erlebe ich diese pure Lustlosigkeit.

Ich habe einmal erlebt, daß ein Kind an einer besonders engen Stelle an einen wackelig gebauten Turm mit Gläsern stieß. Einige fielen zu Boden und zerbrachen. Sofort war ein leitender Angestellter zugegen und verlangte Schadensersatz. Ob sich das Kind verletzt haben könnte, interessierte ihn nicht. Zerschlagene Waren sind auch Umsatz, scheint eine Grundregel der Warenpräsentation in Deutschland zu sein. In Japan hätte sich die Geschäftsleitung entschuldigt, weil man den Kunden gefährdet hat. Ein solches Ansinnen an Deutsche zu stellen, erscheint mir nach etlichen Jahren Aufenthalts in Deutschland selbst schon absurd.

Die Frage nach einem Produkt in einem Kaufhaus wird oft mit einem »Da müssen sie einmal da drüben selber schauen« oder noch kürzer »Das weiß ich auch nicht« erledigt. Intensive Unterhaltungen der Verkäuferinnen sind an der Tagesordnung. Sie werden erst in dem Moment hellwach, wo zum Beispiel eine Kundin einen Pullover aus der Verpackung zieht und ihn dann falsch zusammengelegt zurückschieben will. Der Kunde erhält dann eine ordentliche Lektion darüber, wie er sich im Laden richtig verhält.

Immerhin hat die vom *Spiegel* in Auftrag gegebene EMNID-Umfrage unter anderem folgende Ergebnisse erbracht: 60 Prozent der Befragten haben aus Ärger über schlechte Bedienung schon einmal den Laden verlassen, ohne etwas zu kaufen. 72 Prozent der deutschen Kunden stört das unfreundliche Personal, 61 Prozent die mangelnde Hilfsbereitschaft.

Ein großer deutscher Computeranbieter, nicht Vobis, der andere, hatte ein externes CD-ROM-Laufwerk in einem seiner Ladengeschäfte nicht vorrätig, aber man war zuvorkommend. Der Kunde durfte sich mit Name, Adresse und Telefonnummer in eine Warteliste eintragen. Nach einigen Wochen erschien er wieder im Laden, weil er noch immer keine Nachricht bekommen hatte. Man hätte immer wieder einige der gewünschten Laufwerke bekommen, aber jetzt sei gerade wieder keines da, erklärte der Verkäufer. Weshalb er nicht benachrichtigt wurde, wollte der Kunde wissen. »Wir können doch nicht hinter jedem Kunden hertelefonieren« war die plausible Antwort. Und wozu dann die Eintragung in die Liste? Der Verkäufer zucke mit den Achseln: »Keine Ahnung.«

Der *Spiegel* beschreibt einen Fall, wo ein Kunde in Jeans und Pullover im Gebrauchtwagen seiner Frau bei einem Autohändler vorfährt, um einen Porsche zu kaufen. Der sogenannte Kundenberater blieb vor dem Kunden auf seinem Platz im Büro sitzen und deutete mit dem Finger in den Schauraum: »Da hinten stehen welche. Wenn Sie was wissen wollen – ich bin hier.«

Heute fährt der Kunde Mercedes. In Japan werden 80 Prozent der Autos durch Besuche beim Kunden verkauft. Man läßt die Verkäufer kommen und gibt ihnen die Chance, sich, ihre Autos und ihre besonderen Dienstleistungen vorzustellen. In den Genuß eines solchen Service kommen in Deutschland allenfalls Fuhrparkbetreiber und andere Großabnehmer.

Stiefkind Kundendienst

Eine besondere Stätte der Kundenfeindlichkeit wird in Deutschland gern mit dem Wort »Kundendienst« bezeichnet. Als ich für mein Auto ein sehr einfaches Ersatzteil kaufen wollte, das mit wenigen Handgriffen zu befestigen war, mußte ich Name und Kennzeichen angeben. Dann kam die Frage »Wie ist der Kilometerstand?« – »Weiß ich nicht«, sagte ich, »erwarten Sie jetzt, daß ich zu meinem Auto gehe und nachsehe?« Genau das erwartete der Kundendienstmann. »Warum wollen Sie es wissen?« fragte ich. »Der Kilometerstand hat doch mit diesem Teil überhaupt nichts zu tun.« – »Sonst druckt der Computer keine Rechnung aus.« – »Dann könnte ich auch eine Zahl erfinden?« – »Können Sie.« Meine Zahl vom drei Millionen Kilometern gefiel ihm zwar nicht, aber er schrieb sie hin. Könnte man dem Computer nicht einfach beibringen, daß ein bestimmtes Zeichen bedeutet »Kilometer unwichtig«?
Meine Waschmaschine war defekt. Als ich unter der Servicenummer anrief, war ständig besetzt. Die Dame an der Zentrale gab mir einen Tip. Morgens um 7.30 Uhr anrufen, dann erreiche ich jemanden. Ich versuchte es schon ab 7.15 Uhr. Niemand nahm ab. Dann Punkt 7.30 Uhr. Das Telefon war besetzt. Voller Zorn fuhr ich persönlich zur Kundendienststelle, und siehe da, bei zwei Telefonen lag der Hörer daneben. Ich stellte den Mann zur Rede. »Wenn das Telefon den ganzen Tag klingelt, kann ich meine Arbeit nicht machen«, erklärte er. Irgend etwas war dort

falsch organisiert. Ich hatte angenommen, es sei seine Arbeit, das Telefon zu bedienen.

Der *Spiegel* führt diesen Mangel an Kundenorientierung im Kundendienst darauf zurück, daß die soziale Stellung des Servicepersonals innerhalb der Betriebe viel zu niedrig ist. Es hat nur den Rang von Erfüllungsgehilfen, seine Erfahrung ist selten gefragt. Genau dem entsprechen auch meine Beobachtungen in den verschiedensten Unternehmen. Sehr häufig ist der Kundendienst an den Vertrieb angehängt. Leistung wird dort nach Verkaufszahlen bemessen. Der Kundendienst zählt dann einfach nicht, und wer jemals eine Gruppe angebender Außendienstler nach einem erfolgreichen Messetag erlebt hat, weiß, daß der beste Techniker gegen solche Maulhelden keine Chancen hat.

Wird der Kundendienst bei den technischen Abteilungen untergebracht, ist er oft nichts anderes als ein Auffangbecken für all die Techniker, die sich in Ermangelung handwerklicher Fähigkeiten in der praktischen Arbeit nicht halten konnten. In Japan ist Kundendienst Chefsache, rangiert weit oben in der Hierarchie und ist mit den besten Leuten besetzt. Das spürt auch der Kunde.

Minderleistung Dienstleistung

Natürlich wollen auch die Dienstleister in Deutschland nicht zurückstehen. In keinem Bereich wird Service so großgeschrieben wie im Hotel. Glaubt man. Bei fast jedem Hotel ärgere ich mich darüber, daß sich morgens beim Auschecken riesige Schlangen vor der Rezeption bilden und ich viel Zeit vertrödele. Als ich fragte, warum es nicht schneller ginge, antwortete man mir, man habe nur zwei Terminals, um die Rechnungen auszuschreiben.

In Japan geht das auch anders. Alle Hotelmitarbeiter kümmern sich um die Abreisenden. Sie gehen von einem Gast zum anderen, tragen ein Gerät zum Abrollen der Kreditkarten bei sich, die gedruckte Rechnung wird einem in das Büro oder nach Hause geschickt. Wichtig ist allein, daß der Wunsch des Gastes erfüllt wird, und der möchte abreisen, schnell und unkompliziert.

In einem Hotel habe ich übrigens die deutsche Lösung für dieses Problem gesehen. Es war ein großes Messingschild, auf dem stand:»Wenn Sie morgens zügig abreisen möchten, bezahlen Sie bitte Ihre Rechnung am Vorabend.« Und was ist, wenn ich abends noch meine Frau anrufen möchte oder ein Mineralwasser aus der Minibar nehme? Wie kann ich das alles schon am Vorabend wissen?

Auch der Deutsche-Bank-Chef Hilmar Kopper wurde vom *Spiegel* zitiert:»Wir könnten unsere Vertriebsleistungen im Inland um 25 Prozent steigern, wenn sich alle Beschäftigten angewöhnen, jeden Kunden, den sie sehen, freundlich zu begrüßen.« Mir würde sofort noch einiges mehr einfallen, was die Banken tun könnten. An einem schneidend kalten Wintermorgen hatte ich eine dringende Angelegenheit auf meiner Bank zu erledigen. Dummerweise kam ich sogar einige Minuten zu früh, die Tür der Filiale war noch abgeschlossen. Ich gab einem Angestellten ein Zeichen, daß ich hineinwollte, weil ich fror. Er gab mir auch ein Zeichen, indem er auf seine Armbanduhr zeigte und mir signalisierte, daß ich noch drei Minuten warten müßte.

Auch die Geldautomaten sind nicht unbedingt kundenfreundlich, zumindest ältere Leute haben damit manchmal Schwierigkeiten. In Japan würde dem Kunden immer ein hilfreicher Angestellter zur Seite stehen, in Deutschland nicht. Als ich einmal einer älteren Dame behilflich sein wollte, wurde ich von einem Angestellten angesprochen. Ich sollte so etwas lieber bleibenlassen, es könnte sonst der Eindruck entstehen, ich wollte der Dame das Geld stehlen. Statt mich hätte er lieber die ältere Dame beraten sollen. Viele Banken sind wohl tatsächlich der Meinung, daß sie durch ihre elektronischen Systeme, Drucker für Kontoauszüge und Geldautomaten viele Millionen in den Kundenservice investiert hätten.

Auch Anwälte sind Dienstleister

In Japan gibt es rund 15 000 Rechtsanwälte für eine Bevölkerung von ca. 130 Millionen Menschen. Für die 90 Millionen Deutschen soll es ca. 70 000 Anwälte geben, das ist pro Kopf der Bevölkerung fast das Siebenfache. Daraus kann man schließen, daß aufgrund der größeren Konkurrenz in Deutschland auch der Existenzkampf größer ist. Das bedeutet mehr Streit und mehr Prozesse. Wie sagt eine Werbung: »Advocard – und Sie sind des Anwalts Liebling.« In Japan gibt es für alle möglichen Gelegenheiten eine spezielle Kreditkarte, selbst für sehr unseriöse, aber nicht für die Dienste eines Juristen.
Wenn man in Japan den Rat eines Rechtsanwalts braucht, wird er zunächst versuchen, zu einer außergerichtlichen Einigung zu kommen. Die Erfahrungen der japanischen Geschäftsleute in Düsseldorf gehen eher in eine andere Richtung. Was habe ich nicht alles zu hören bekommen, deutsche Anwälte seien staatlich lizenzierte Gauner, sagte einer, und ein anderer riet, stets die Finger nachzuzählen, wenn man einem Anwalt die Hand gegeben hat. Ich glaube nicht, daß dieses Mißtrauen gerechtfertigt ist und verallgemeinert werden darf. Allerdings darf ein Anwalt ja auch nicht werben und seine Spezialität auf das Türschild schreiben wie die Ärzte. Daß einige Firmen einmal an einen Juristen geraten sind, dessen Spezialität Familienrecht war, er aber, ohne mit der Wimper zu zucken, auch den Fall einer EU-Dumping-Klage angenommen hat, war hoffentlich eine traurige Ausnahme. Es haben übrigens fast alle beteiligten japanischen Firmen den Prozeß verloren.

Den richtigen Anwalt zu finden ist wohl auch für Deutsche nicht so ganz einfach. Deshalb wieder die Frage: Ließe sich nicht mit weniger Gesetzen und weniger Standesrecht mehr Transparenz und Wettbewerb schaffen? Wer fühlt sich dafür zuständig, über solche Veränderungen nachzudenken und etwas in Bewegung zu bringen?

Deutsche Kunden sind keine Servicemuffel

Immer wenn ich mit Deutschen darüber rede, wie schlecht ich den Service am Kunden finde, nicken sie zustimmend:»Ja, ja, genauso ist es«, und dann wissen sie meist ein noch besseres Beispiel, als ich es erzählt habe. Wenn ich aber frage:»Warum ist das so, weshalb laßt ihr euch das gefallen, weshalb ändern die Unternehmen so etwas nicht?«, dann zucken sie nur mit den Schultern. Sie nehmen es als naturgegeben hin. Das Verhalten der Mitmenschen scheint den gleichen Stellenwert wie Naturgewalten zu haben. Dabei wissen auch die Deutschen guten Service zu schätzen. Fragen Sie einmal alle, die im Urlaub oder auf Geschäftsreise in den USA waren, wie dort der Service ist. Die Lobeshymnen wollen gar nicht abreißen. Warum geht es nicht auch in Deutschland? Ein Service, der dem Kunden Nutzen schafft, wird auch bezahlt. Er schafft sogar zusätzliche Arbeitsplätze.

Meiner Meinung nach wird in Deutschland zuwenig über Kundenorientierung, wie sie in anderen Ländern praktiziert wird, nachgedacht. Das hat sicher verschiedene Gründe.

Viel zu oft wird ein technischer Ablauf als gegeben hingenommen und zum Maßstab allen Handelns gemacht. Oder man trifft auf Leute, die es mit ihrem Selbstverständnis nicht vereinbaren können oder wollen, daß sie anderen dienen. Dann kommt man sich fast vor wie in einem kommunistischen Land alten Zuschnitts.

Auch die Rollenverteilung zwischen Unternehmern und Gewerkschaften scheint der Kundenorientierung entgegenzuste-
hen. Zumindest die Gewerkschafter alten Zuschnitts sehen
ihre Aufgabe darin, die Interessen ihrer Mitglieder gegen die
Arbeitgeber, gleichgültig ob Staat oder private Unternehmer,
zu verteidigen. Die Interessen der Gewerkschaften sind im
Grundsatz sicher legitim, Schutz vor der Willkür des Arbeitge-
bers, höhere Anteile am produzierten Mehrwert, Existenzsi-
cherheit, Freiraum für die Entfaltung eines Privatlebens und
zur Gründung einer Familie, aber sind diese Ziele nicht längst
erreicht? Sind diese Argumente in der heutigen Gesellschaft
noch eine stichhaltige Grundlage für Regelungen, die jegliche
Beweglichkeit der Unternehmen durch die Unbeweglichkeit
der Mitarbeiter blockieren?
Arbeitsplatzbeschreibungen sind schön und gut, um Argumente für ein besseres Gehalt zu finden. Sie sind aber schlecht,
wenn sie jede Flexibilität blockieren. Eine kürzere Arbeitszeit,
exakt auf die Tage Montag bis Freitag beschränkt, mag für den
einzelnen sehr angenehm sein, aber an zwei Tagen werden die
Entfaltungsmöglichkeiten einer ganzen Nation beschränkt.
Der Kunde wird immer als fester Bestandteil der Unter-
nehmerseite gesehen. Deshalb steht er in Deutschland im
Schwarzweißraster immer auf der Seite des Bösen und des
Ausbeuters. Solange dieses Denken, in dem die Gegensätze
Kapitalismus und Sozialismus durch die Gegensätze Kapita-
lismus und Sozialstaat ersetzt worden sind, nicht in andere
Bahnen gelenkt wird, kann man nur ausrufen: »Arbeiter, ihr
habt nichts zu verlieren außer euren Kunden!«
Am schlimmsten sind für mich gesetzliche Regelungen, die
Kundenorientierung verbieten, allen voran das Ladenschlußge-
setz. Dieses Gesetz wird ja gern so verstanden, daß es die
Arbeitnehmer im Handel vor Ausbeutung und familienfeind-
lichen Arbeitszeiten schützen soll. In erster Linie schützt es
aber satte, gut verdienende und völlig phantasielose Geschäfte

vor der flexibleren Konkurrenz. Würden die Ladenschlußzeiten freigegeben, ist zu erwarten, daß sich immer mehr Geschäfte Dienstleistungen einfallen lassen, die sie konkurrenzfähiger machen. Die Tür erst zwei Stunden später abzusperren ist nämlich noch keine Kundenorientierung.

Weshalb sind staatliche Einrichtungen wie Finanzämter nicht samstags nachmittags geöffnet, wenn die Mehrzahl der Leute Zeit hat, ihre Steuererklärung abzugeben? Behördengänge finden doch meist während der Arbeitszeit statt und werden im Rahmen der Gleitzeit ausgeglichen. Das heißt vormittags, wenn viel zu tun ist, sitzen die Leute beim Finanzamt, dafür sind sie abends, wenn keiner mehr anruft, länger im Büro und lesen Zeitung.

Weshalb ist es den Ärzten nicht freigestellt, ihre Praxis sieben Tage rund um die Uhr geöffnet zu halten, für ihre Leistungen zu werben und ihr Honorar frei zu vereinbaren? Statt dessen gibt es an jeder Ecke in deutschen Städten eine Apotheke, dabei sehen die meisten Menschen recht gesund aus. Die einzige Erklärung, die ich habe, sind die hohen Preise für Arzneimittel. Soweit ich es beurteilen kann, sind sie ungefähr dreimal so hoch wie in anderen Ländern.

Noch viel zu oft wird Dienstleistung in Deutschland mit McDonald's gleichgesetzt und nicht als das operative Eingehen auf Kundenwünsche angesehen. In der Produktion von Waren werden in Zukunft immer weniger Menschen gebraucht werden. Deutsche Unternehmen verzichten dann auf das bestehende Know-how, indem sie ihre Mitarbeiter einfach entlassen, anstatt sie dort einzusetzen, wo sie ihr Wissen weiter nutzbringend für das Unternehmen einsetzen könnten, im Service. Dort liegen Gewinnchancen und Arbeitsplatzreserven, die in Deutschland weder genutzt noch überhaupt gesehen werden. Auf dem Weg zur Dienstleistungsgesellschaft ist Deutschland leider ein Entwicklungsland.

II.

Wunderland Japan?

Nachdem ich Ihnen mit ein paar groben Pinselstrichen aufgezeichnet habe, worin ich die Probleme der deutschen Unternehmen sehe, möchte ich nun, bevor ich mit Ihnen den nächsten großen Schritt tue, auch einen kurzen Blick zurück auf Japan werfen.

Wer sich mit japanischen Managementmethoden beschäftigt, wird sich auch in den Tageszeitungen und Wirtschaftsmagazinen über Japan informieren. Erfreulicherweise nimmt die Berichterstattung aus erster Hand zu. Trotzdem entspricht sie in Umfang und Tiefe bei weitem noch nicht dem Informationsfluß, der japanischen Unternehmen über den europäischen Markt zugeht. Es ist schwierig, die Strukturen der japanischen Wirtschaft zu durchschauen, besonders die Bereiche, die in Japan entweder als selbstverständlich betrachtet werden, so daß sie keine weitere Erwähnung finden, oder die als vertraulich gelten. Deshalb hier ein wenig Background.

Unternehmensberater wird man in Japan nicht dadurch, daß man von der Universität kommt und die Praxis an seinem geballten theoretischen Wissen mißt, sondern daß man in der Praxis Erfahrungen erworben hat. Unternehmensberater sind Praktiker, meist Ingenieure oder frühere Verkäufer. In Deutschland ist ein Unternehmen meist sehr stolz, wenn es einen Berater hinzuzieht. Man nennt den Namen und preist die Veränderungen. In Japan ist das nicht so. Nach außen betreibt jedes Unternehmen eine gewisse Geheimniskrämerei, nur wenige lassen sich in die Karten schauen und öffnen sich zum Beispiel für Besuchergruppen.

Die Beratung läuft auch oft in ganz anderen Bahnen ab. Verhaltenstraining hat zum Beispiel eine große Bedeutung. Ich habe auch hier in Deutschland schon Berichte im Fernsehen gesehen, wo gezeigt wurde, wie sich junge Japaner vor den Eingang eines Bahnhofs stellen müssen, um mit lauter Stimme Gedichte zu rezitieren. Kein Japaner würde so etwas freiwillig machen. Ziel ist es, die Scheu vor einem öffentlichen Auftritt zu verlieren. Führungskräfte müssen ohne Scheu vor Gruppen sprechen können.

Verkaufstraining ist eigentlich immer Gruppentraining. Nie würde ein einzelner Mitarbeiter zu einem Seminar geschickt werden. Im Gegensatz zu Deutschland zielt Verkaufstraining in Japan nicht auf die Frage hin »Wie kann ich dem Kunden etwas verkaufen?« Sondern »Wie erfahre ich, was der Kunde wirklich wünscht?« Daneben stehen Survival-Übungen hoch im Kurs, weil die Mitarbeiter dadurch in ihrem Zusammenhalt als Gruppe gestärkt werden. Ich halte Gruppenarbeit auch in deutschen Unternehmen für ganz wichtig und setzte sie so oft wie möglich ein. Wenn ich in diesem Buch von japanischen Unternehmen spreche, meine ich natürlich nicht die Gesamtheit aller, sondern nur diejenigen, die wirklich vorbildlich und fortschrittlich sind. Überdurchschnittlichen Erfolg haben auch in Japan nur rund 10 Prozent aller Unternehmen. Die Ursachen ihres Erfolgs lassen sich aber sehr genau analysieren und auf andere übertragen.

Die besondere Stärke der japanischen Wirtschaft liegt in der beständigen Weiterentwicklung von Produktionsprozessen. Andere Nationen haben ihre Stärke im Marketing und bei Finanzinnovationen. Wenn der Porsche-Vorstand Wendelin Wiedeking die Meinung geäußert hat, die japanische Stärke liege ausschließlich in der Fertigung, gebe ich ihm nur zum Teil recht. Verschwendung läßt sich überall im Unternehmen vermeiden, und Kundenorientierung als große gedankliche Basis läßt sich auch durch ausgeklügelte Systeme in Marketing und Vertrieb nicht ersetzen.

Karoshi, Krankheit und die 3 »K«

Ich habe den Eindruck, daß das Thema Karoshi, Tod durch Überarbeitung, in Europa anders gewichtet wird als in Japan selbst. So wurde von deutschen Zeitungen gemeldet, daß inzwischen mehrere hundert Fälle offiziell bekannt seien und daß sich auch die Gerichte damit mehr und mehr befassen müßten. Es würde sicher so manchem gut passen, wenn der Erfolg japanischer Unternehmen darauf zurückzuführen wäre, daß die Mitarbeiter tatsächlich bis zum Umfallen arbeiten, aber das ist nicht so.

Natürlich wird niemand bestreiten, daß sich Japaner länger in der Firma aufhalten, daß auch ein Teil der abendlichen Freizeit zusammen mit den Arbeitskollegen verbracht wird und daß bei Krankheit Urlaubstage eingesetzt werden. Aus der Sicht eines JIT-Kaizen-Beraters sehe ich darin aber nicht die eigentlichen Ursachen für Karoshi.

Der Tod durch Überarbeitung trifft nicht diejenigen, die in den großen, gut geführten Unternehmen sitzen, die effizient und zugegebenermaßen auch viel arbeiten. Es trifft die, die in den kleinen und oft schlecht geführten Unternehmen arbeiten, die in Japan durch die 3 »K« gekennzeichnet sind: kitanai – schmutzig, kiken – gefährlich und kitsui – hart. Sie bilden den Boden, auf dem die japanische Wirtschaft aufbauen kann. Ohne diese zahllosen Klein- und Kleinstbetriebe würde vieles im japanischen Wirtschaftsleben nicht funktionieren. Sie wirken wie ein Stoßdämpfer, der Konjunkturschwankungen abfedert. Wenn Kritik angebracht ist, dann bei der Situation dieser Unternehmen und ihrer Mitarbeiter.

Es gibt aber auch eine persönliche Komponente des Karoshi. Ziel des JIT-Kaizen ist ja eigentlich, daß die Arbeit leichter wird, unser Wahlspruch ist ja bekanntlich: Nicht mehr, sondern intelligenter arbeiten. Damit haben natürlich auch bestimmte Leute Schwierigkeiten. Sie versuchen das ständig wachsende Mehr an Arbeit nicht dadurch zu bewältigen, daß sie einfach Überflüssiges streichen, sondern dadurch, daß sie immer mehr arbeiten. Das soll nicht heißen, daß diese Leute nur dumm sind, sehr oft sind sie in einem Beziehungsgeflecht gefangen, aus dem sie sich nicht selbst befreien können. Externer Beistand und Beratung wären hier angebracht.

Daß viele Japaner bei kleinen Krankheiten Urlaub nehmen, hat einen ziemlich einfachen Grund, die Anwesenheitsprämie ist ein nicht unerheblicher Bestandteil des Gehalts. Sie kann leicht 10 Prozent des Bruttogehalts ausmachen. Da auch Krankheit als Ausfall zählt, wird sich jeder überlegen, ob er für einen Tag Abwesenheit eine erhebliche Gehaltseinbuße hinnehmen will. Also bewahrt jeder Arbeitnehmer ein oder zwei Wochen Urlaub auf, weil ein Urlaubstag sich nicht gehaltsmindernd auswirkt. Am Jahresende gibt es meist ergänzend zu den monatlichen Prämien auch noch eine Jahresprämie, die in vielen Familien als fester Einkommensbestandteil verplant wird. Es ist also nicht nur die große emotionale Verpflichtung, die viele Arbeitnehmer so fest an ihr Unternehmen bindet.

Wenn sich ein Japaner krank meldet, kann er mit Sicherheit damit rechnen, daß ein oder zwei Tage später sein Vorgesetzter mit einem Strauß Blumen vor der Tür steht. Dieser Besuch hat zwei Gründe: Erstens erfüllt der Vorgesetzte damit seine Aufsichtspflicht, indem er kontrolliert, ob sein Mitarbeiter wirklich erkrankt ist. Zweitens, und das ist noch viel wichtiger, möchte er die Ursachen der Erkrankung ergründen.

Das Wort Krankheit heißt im Japanischen Byoki und bedeutet »kranke Atmosphäre«. Krankmeldungen gelten in Japan als Zeichen dafür, daß etwas im Unternehmen nicht stimmt, sie sind oft das Alarmsignal für Unzufriedenheit. Wenn in einer Abteilung vermehrt Krankmeldungen auftreten, wird sich der Abteilungsleiter von seinem Vorgesetzten fragen lassen müssen, was bei ihm falsch läuft. Es ist seine Aufgabe, die Harmonie wiederherzustellen, oder wie man in Deutschland sagt, die Dinge ins Lot zu bringen. Natürlich ist es auch in Deutschland eine bekannte Tatsache, daß zufriedene und hochmotivierte Mitarbeiter seltener wegen Krankheit am Arbeitsplatz fehlen. Man hat aber noch nicht die Konsequenz daraus gezogen und die Ursachen ergründet, warum der Krankenstand in einem Unternehmen nach oben schnellt. Zu gern werden die Ursachen individualisiert und dem einzelnen Mitarbeiter zugeschoben.

Japan ist also kein Wunderland, vieles muß noch verbessert werden. Lassen Sie uns gegenseitig und gemeinsam von den Stärken lernen, um die Schwächen zu bekämpfen.

Madonna made in Germany und Kaizen

Wenn ein Japaner nach Deutschland reist, erinnern ihn stets seine Freunde:»Vergiß nicht, ein paar Flaschen Madonna mitzubringen.« Madonna ist der Markenname des beliebtesten deutschen Weißweins in Japan. Nachdem ich ein paar Fachgeschäfte in Düsseldorf besucht hatte, wußte ich, kein Mensch kennt in Deutschland einen Wein, der Madonna heißt. Diese deutsche Marke existiert nur in Japan.

Etwas Ähnliches erlebte ich umgekehrt in Deutschland. Als ich anfangs erklären wollte, was der Inhalt meiner Beratung ist, und anfing, die verschiedenen Elemente aufzuzählen, die sich zum japanischen Weg zusammenfügen, stieß ich schnell auf erste Verständnisschwierigkeiten meiner Gesprächspartner. Aber eines Tages sagte jemand zu mir:»Aha, Sie machen auch Kaizen, genau wie Masaaki Imai.« Imai ist in den USA und in

Europa der Kaizen-Papst, erfuhr ich. Er veranstaltet Seminare, nach denen die Manager Schlange stehen, und schreibt Bücher mit Bestsellerauflagen. Ich hatte den Namen in Japan noch nie gehört und erkundigte mich bei Hiroyuki Hirano, meinem Meister, und dem großen Meister Kenichi Sekine. In japanischen Industry-Engineering-Kreisen war Imai völlig unbekannt. Wie Madonna-Wein in Deutschland war Imai ein japanischer Exportschlager, den man in seinem Heimatland nicht kannte. Das konnte so nicht bleiben, also studierten wir seine Arbeiten. Es war klug von ihm, für alle die verschiedenen Methoden den Sammelbegriff Kaizen zu wählen, wir alle haben ihm dafür viel zu verdanken. Auch für die Pionierarbeit, die er geleistet hat. Aber trotzdem fehlte uns doch der direkte Bezug zur täglichen Arbeit in der Fertigung, weshalb Imai in Japan den Spitznamen Imai-chi erhielt, das bedeutet »fehlt etwas«. Durch die Kombination von Kaizen und Just-in-time haben wir diesen Mangel ausgeglichen. Auch bei solchen komplexen Themen funktioniert also der kontinuierliche Verbesserungsprozeß.

III.

Der ganzheitliche Ansatz des japanischen Weges – der Mensch im Mittelpunkt

Nachdem ich Ihnen im ersten Teil dieses Buches aufgezeigt habe, auf welche sozioökonomischen Veränderungen und Anforderungen sich die Unternehmen einstellen müssen und daß im großen Stil in den Unternehmen Verschwendung betrieben wird, möchte ich Ihnen jetzt die theoretischen Grundlagen vorstellen, die aus meiner Sicht auch in Deutschland zu praktischen Lösungen führen können.

Wenn ich Ihnen dabei den japanischen Weg als Modell anbiete, dann tue ich es, weil ich fest davon überzeugt bin, daß er die Instrumente liefert, die ein gesundes und wettbewerbsfähiges Unternehmen braucht, um die Grundlage für ein stabiles Wirtschaftssystem mit sicherer Zukunft zu bilden.

Der japanische Weg ist nicht deshalb besser, weil Japaner bessere Menschen sind. Japan hat viel von anderen gelernt und tut es immer noch. Vielleicht sind wir konsequenter und radikaler in der Anwendung des Gelernten und in der Auswahl dessen, was wir nutzen wollen. Sie werden im weiteren Verlauf dieses Buches feststellen, daß es zum Teil eindeutig preußische Tugenden sind, die ich Ihnen vorschlage. In Deutschland wurden sie vergessen, bei uns nicht. Reimportieren Sie sie. Was sollte schlecht daran sein? Back to the roots.

Japanische Methoden made in USA

Bisher erfuhren die Europäer von japanischen Vorgehenswei-
sen, Kenntnissen und Erfahrungen meist über den Umweg
Amerika. Die Verbindung zwischen der amerikanischen West-
küste zu Japan und dem gesamten asiatischen Raum scheint
ähnlich eng zu sein wie zwischen der amerikanischen Ostküste
und Europa. Ob es nun die Zen-Meditation oder Rationalisie-
rungsmethoden wie Just-in-time waren, zunächst wurden sie in
Kalifornien und dann in den gesamten Vereinigten Staaten
erprobt, bevor sie ihren Weg nach Europa antraten.
Daß die mittelständische Industrie in den USA konsequent
japanische Methoden eingeführt hat, wurde besonders von der
japanischen Automobilindustrie schmerzhaft zur Kenntnis genommen. In den USA sind die Voraussetzungen für Kaizen sehr
günstig. Die amerikanische Gesellschaft ist multikulturell, und
man geht viel aufgeschlossener aufeinander zu, als dies in
Deutschland zur Zeit möglich scheint.
Allerdings ist die multikulturelle Lernfähigkeit ein wesentlicher Faktor im globalen Wettbewerb. Es waren auch meist
amerikanische Gurus, Unternehmensberater oder Autoren, die
sie propagierten. Das, was Europa erreichte, war deshalb immer schon in gewisser Weise gefiltert und damit für europäische Köpfe leichter verdaulich. Es wurde jedoch oft der Fehler
gemacht, einzelne Techniken aus dem Zusammenhang zu rei-
ßen und isoliert anzuwenden. Daß der Erfolg nur sehr begrenzt
war, ist leicht einzusehen.
Ich spüre, daß die »reine« Lehre, also japanische Methoden
pur, schon hohe Ansprüche hinsichtlich Akzeptanz und Umsetzung stellt. Aber ich bin sicher, daß die Deutschen sehr gut in
der Lage sind, neues Gedankenfutter selbst zu kauen, denn nur
dann bleibt das, was es so nahrhaft macht, erhalten.
Eine gewisse ethnozentrische Unbeweglichkeit ist übrigens keineswegs ein spezifisches Merkmal deutscher Unternehmens-

kultur. Diese weitverbreitete und abhängig von den allgemeinen soziokulturellen Bedingungen einmal schwerer und einmal leichter zu überwindende Tendenz ist auch für japanische Unternehmen ein Problem. Allerdings sind sich die erfolgreichen japanischen Unternehmen dieser Schwierigkeiten bewußt und versuchen ihnen in ihren globalen Strategien und Visionen Rechnung zu tragen. Diese Visionen sind keine Utopien, sondern machen den Sinngehalt ganzheitlicher Zukunftsentwürfe anschaulich, deren Notwendigkeit und Inhalte erst durch leidvolle Schlüsselerfahrungen erkannt wurden.

Der Mensch im Mittelpunkt

Der japanische Weg orientiert sich am Menschen, als Kunde ebenso wie als Produzent. Um ein Meister zu werden, ist es notwendig, durch beständiges Üben an der Vervollkommnung des eigenen Daseins zu arbeiten. Das ist ein Grundgedanke des japanischen Zen-Buddhismus. Jede Übung birgt in sich die Möglichkeit, die innere Verfassung eines Menschen auf eine höhere Stufe zu heben, das heißt, Schritt um Schritt eine größere menschliche Reife zu erlangen, die neue Erfahrungen und größere Leistungen ermöglicht. Übertragen wir diesen Gedanken auf die Praxis der Unternehmensführung, so bedeutet es, daß die Mitarbeiter die Möglichkeit erhalten müssen, zu üben, Erfahrungen zu sammeln, sich durch Teamwork zu entfalten und ihre Ideen in die Ganzheit des Unternehmens einzubringen. Vielleicht werden Sie den japanischen Weg als wenig geradlinig, vielleicht sogar als Labyrinth empfinden. Er ist sicher keine schnurgerade Allee, wie man sie besonders in Norddeutschland findet. Er ist eher ein verschlungener Pfad im Mittelgebirge. Bevor Sie den Gipfel erreichen, haben Sie die verschiedensten Ausblicke und überraschenden Ansichten, einmal geht es schneller, einmal langsamer voran. Machen wir uns also auf den Weg.

Die Ausrichtung am Kundenwunsch, die Mobilisierung und Nutzung der Kreativität der Mitarbeiter, das eigenverantwortliche Arbeiten im Team und die Flexibilität in den Top-down- und Bottom-up-Strukturen, das heißt die Änderung des hierarchischen Pyramidensystems in eine flache Organisationsform, sind die Kerngedanken japanischer Unternehmensphilosophien. Natürlich haben die japanischen Manager spezifische kulturelle Hintergründe, sie sind aber, wie ich schon mehrfach betonte, kein Hindernis, die wesentlichen Prinzipien nicht auch außerhalb Japans anzuwenden. Die Taktik der kleinen Schritte, Teamarbeit und Kooperation sowie die Orientierung am Kunden machen den Unterschied, nicht die japanische Mentalität.

1.

Teamarbeit und Kooperation

Teamarbeit bedeutet in Deutschland eigentlich immer, daß eine Gruppe von Mitarbeitern an einem Projekt arbeitet, wobei jeder einen bestimmten Teil der Aufgaben übernimmt oder für spezielle Aufgaben zuständig ist. Die Verteilung der Arbeit erfolgt gemeinsam, die Durchführung meist isoliert. Anschließend trifft man sich wieder, um die Ergebnisse zu einem Gesamtergebnis zusammenzufügen. Teams werden in der Regel auch nicht so verstanden, daß sie in einer Kette hintereinander arbeiten, sondern sternförmig rund um einen Mittelpunkt. Jedes Team steht im Wettbewerb zu anderen Teams.

In Japan werden sämtliche Arbeiten von Teams gemacht. Aber die Form der Zusammenarbeit ist eine andere. Die Teams bilden eine Kette, wobei der einzelne nach dem TASUKEAI-Prinzip arbeitet. Das heißt, nachdem er seinen Teil im Arbeitsablauf beendet hat, hilft er seinem Kollegen, dessen Arbeit zu starten, vergleichbar einem Staffelläufer, der die ersten Meter bei der Stabübergabe mit dem folgenden Läufer zusammen läuft. Dann kehrt er zurück an eine neue Arbeit. Durch das Einanderhelfen am Arbeitsplatz wird die Einzelbelastung reduziert und die Produktivität erhöht.

Der Teamgedanke basiert in Japan auch nicht auf der Konkurrenz verschiedener Abteilungen untereinander, ja das Team ist keine definierte Gruppe innerhalb des Unternehmens, sondern es ist das Unternehmen. Deshalb kommt es in Japan immer

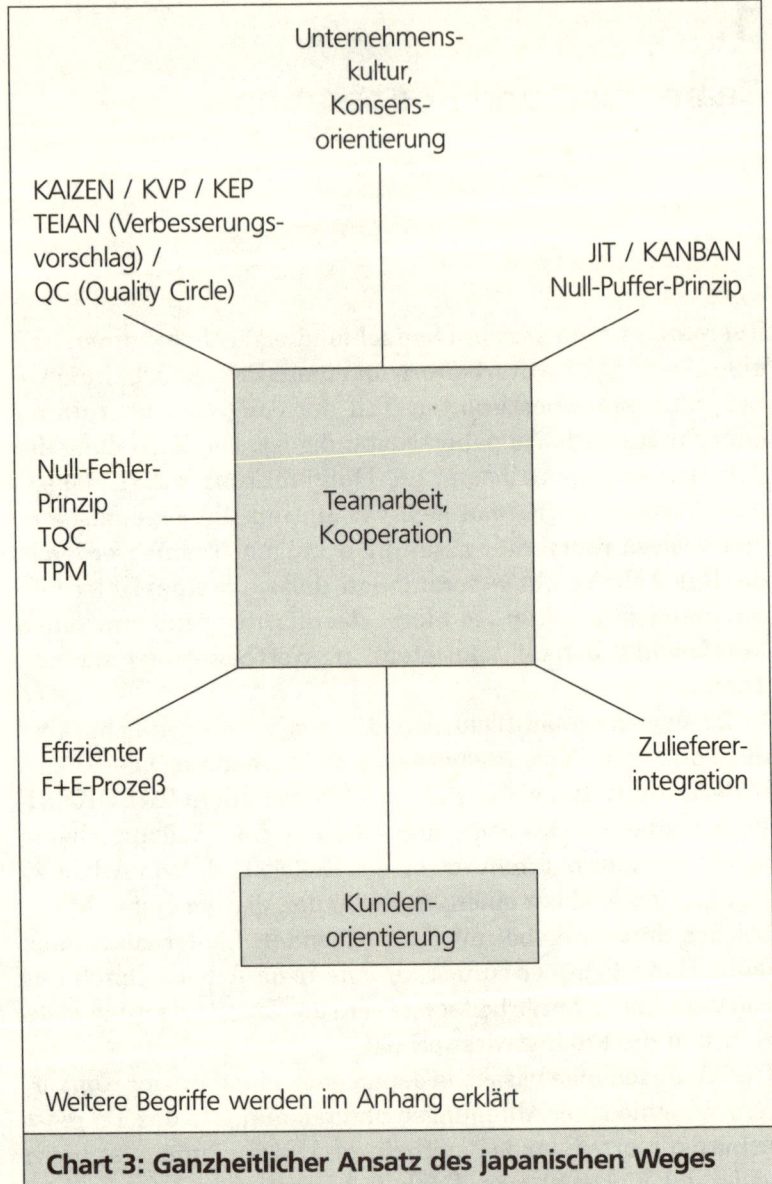

Unternehmens-
kultur,
Konsens-
orientierung

KAIZEN / KVP / KEP
TEIAN (Verbesserungs-
vorschlag) /
QC (Quality Circle)

JIT / KANBAN
Null-Puffer-Prinzip

Null-Fehler-
Prinzip
TQC
TPM

Teamarbeit,
Kooperation

Effizienter
F+E-Prozeß

Zulieferer-
integration

Kunden-
orientierung

Weitere Begriffe werden im Anhang erklärt

Chart 3: Ganzheitlicher Ansatz des japanischen Weges

wieder zu dem, was man in Deutschland mit dem Begriff Kompetenzüberschreitung radikal unterbindet.
Nehmen wir zunächst das Beispiel einer Autowerkstatt. Als an meinem Wagen ein Scheinwerfer ausgefallen war, fuhr ich zu meiner Werkstatt und ging zum Kundendienst. Es war fast Mittag, und der Kundendienstmeister saß mir gegenüber. »Eine Kleinigkeit«, sagte er, »da muß nur die Birne ausgetauscht werden. Lassen Sie den Wagen hier, bis heute abend werden wir ihn dazwischenschieben.« – »Warum nicht sofort?« fragte ich. – »Die Elektrowerkstatt ist vollbeschäftigt, die haben dort im Moment keinen Mann frei.« – »Warum machen Sie es nicht, wenn Sie wissen, wie es geht?« fragte ich weiter. – »Ich bin nur für den Kundendienst zuständig.«
So eine Antwort wäre in Japan nicht möglich gewesen. Kundendienst heißt Dienst am Kunden, und der endet nicht an den Abteilungsgrenzen. In Japan wäre sich niemand zu schade, diese Arbeit zu tun, und er würde mit dem Kollegen, dessen Aufgabe es ist, auch keine Probleme bekommen, wenn er die Arbeit ordentlich macht. Niemand hätte das Gefühl, daß der andere einem die Arbeit wegnehmen will oder, noch schlimmer, seinen Kompetenzbereich ausbauen möchte. Kompetenzbereiche verschwimmen und werden durch Flexibilität als höheren Wert ersetzt. Dafür sorgt schon eine ständige Rotation, die auch die Grundlage für ein breites Fachwissen bildet.
In einem japanischen Möbelhaus könnten Sie sich die gesamte Wohnungseinrichtung von einem einzigen Verkäufer zusammenstellen lassen. Wenn Sie in der Küchenabteilung den Wunsch nach einem Teppich äußern, wird er sie begleiten und beraten. Weil seine Position nicht besetzt ist, springt jemand aus der Büroabteilung ein, wenn ein neuer Kunde kommt. Niemand käme auf die Idee, er sei nicht für den Kunden zuständig. Sie sehen, Teamarbeit im japanischen Sinn und Kundenorientierung gehen sehr stark Hand in Hand.
Teamarbeit in Japan hat noch einen wesentlichen Aspekt, der

sie von der Teamarbeit nach westlichem Muster unterscheidet. In Japan stellt sich das Team auf das schwächste Gruppenmitglied ein und sorgt dafür, daß es sein Ziel erreicht. In Deutschland, aber auch in anderen europäischen Ländern und den USA, orientiert man sich am stärksten. Er soll die Gruppe ziehen.

Die unterschiedlichen Ergebnisse dieser Einstellungen wurden mir erstaunlicherweise beim Sommerfest des deutsch-japanischen Kindergartens vor Augen geführt. Es gab da einen Wettkampf, der »Dreibeinlaufen« heißt. Zwei Kinder bilden ein Team, indem sie an einem Bein zusammengebunden werden und gemeinsam laufen müssen. Über die kurze Distanz gewannen immer die deutschen Kinder, über die lange die japanischen. Wie kam das? Über die kurze Distanz schafft es das stärkere Kind im deutschen Team, seinen schwächeren Partner mitzuziehen, während das stärkere Kind im japanischen Team mit Rücksicht auf seinen langsameren Partner ebenfalls langsamer läuft. Über die lange Distanz wird der Unterschied im Kräftehaushalt des deutschen Teams immer größer, so daß es stolpert, hinfällt und verliert. Das japanische Team ist langsamer, kommt aber dennoch zuerst ins Ziel.

Es ist keineswegs so, daß japanische Menschen von Natur aus stärker teamorientiert sind. Sie sind in der Mehrzahl ebenso egoistisch wie alle anderen Menschen auch, aber sie werden von klein auf zu einem anderen Gruppendenken erzogen. Im japanischen Kindergarten gibt es in jeder Gruppe behinderte Kinder. Dabei ist es nicht so sehr das Ziel, behinderte Kinder vor der Isolation zu bewahren, sondern den gesunden Kindern Rücksichtnahme beizubringen.

Zurück zum Unternehmensalltag. Man wird uns kaum noch in einen Kindergarten stecken können. Wie kann man also dann Teamarbeit fördern? Mein Rat: Reduzieren Sie das Personal. Ein Team ist eine Notgemeinschaft. Sind weniger Leute da als Arbeit, werden die einzelnen beginnen, sich gegenseitig zu helfen. Und sie werden beginnen, Wichtiges von Unwichtigem zu unterscheiden. Die Arbeit wird effektiver werden.

Personal reduzieren heißt nicht, die Schwächsten rauszuschmeißen. Dazu ein Beispiel aus einer japanischen Bank. Da gab es Gruppen von jeweils fünf Mitarbeitern, die ohne Publikumsverkehr administrative Aufgaben erledigten. Es wurde angeordnet, daß sich jeweils einer aus der Gruppe mit an den Tresen zur Kundenberatung stellt. Jeder kam einmal in der Woche dran. Seine Arbeit in der Gruppe mußten die verbleibenden vier mitmachen.

Zunächst gab es zahlreiche Probleme, die mit Überstunden gelöst wurden, dann rationalisierten die Mitarbeiter ihre Arbeit so, daß sie mit weniger Zeit und Aufwand auskamen. Zum Schluß hatten alle Vorteile. Die Kunden wurden besser bedient, und die Zufriedenheit mit dem Bankinstitut stieg, jeder Mitarbeiter hatte einmal in der Woche Abwechslung von seinem Bürojob, außerdem wurde er kompetenter und vielseitiger, von all dem hatte natürlich auch die Bank Vorteile, eine effektivere Organisation und unter dem Strich zufriedenere Mitarbeiter.

2.

Kundenorientierung

Über den Mangel an Kundenorientierung in Deutschland habe ich schon gesprochen. An dieser Stelle möchte ich Ihnen zeigen, wie Kundenorientierung in Japan aussieht und wie eng sie mit allen anderen Aspekten des japanischen Weges verbunden ist. Kundenorientierung fördert die Teamarbeit, bildet die Grundlage für Qualität und ist der eigentliche Motor für die Just-in-time-Produktion.

Gehen Sie in Japan zu einem x-beliebigen Automobilhändler, suchen Sie sich ein Modell Ihrer Wahl aus, bestimmen Sie Farbe und Ausstattung mit allen Extras, die Sie sich wünschen, und fragen Sie dann nach der Lieferzeit. Sie werden nicht länger als zwei oder drei Wochen warten müssen. Machen Sie das gleiche in Deutschland, und die Lieferfrist wird sechs Monate und mehr betragen. Ich erinnere mich gut, daß die Westdeutschen gern Witze über die Lieferzeiten des Trabis in der früheren DDR machten, fünfzehn Jahre auf ein Auto warten, das nur sechs Monate hält. Wie lustig. Was glauben Sie, wie komisch die deutschen Lieferzeiten aus japanischer Sicht wirken.

Weshalb bekommt man in Japan nicht nur sein Auto, sondern auch seine Kücheneinrichtung oder seinen maßgeschneiderten Anzug soviel schneller als in Deutschland? Es liegt an der Kundenorientierung. Der Kunde hätte es gern so, also setzt man alle Hebel in Bewegung und läßt sich Neues einfallen, um den Wunsch des Kunden zu erfüllen, wenn er bereit ist, dafür zu bezahlen.

Das bedeutet jedoch nicht, daß der Kunde jedesmal, wenn etwas in seinem Sinne optimiert wird, gleich mehr zahlen muß. Der Kunde möchte beides, Service und einen günstigen Preis, denn es stehen nicht nur die Händler, sondern auch die Produkte und Produktgruppen im Wettbewerb.

In Deutschland scheinen ganze Branchen verabredet zu haben, den Kunden schlecht zu behandeln. In Japan herrscht dagegen echter, knallharter Wettbewerb. Japaner werden aus europäischer Sicht oft nur als höfliche Menschen gesehen. Das sind sie auch, aber sie sind auch sehr anspruchsvoll, sie haben hohe Erwartungen an andere und lassen sich nicht so herumschubsen oder herumkommandieren, wie man es mit Kunden in Deutschland manchmal tut.

Kommen Sie in eine japanische Bank, wird Sie ein Mitarbeiter empfangen und nach Ihren Wünschen fragen. Ist der zuständige Sachbearbeiter gerade mit einem anderen Kunden beschäftigt, wird man Sie bitten, in einem Wartebereich Platz zu nehmen, und Ihnen Getränke und Zeitschriften anbieten, um die Zeit möglichst angenehm zu überbrücken. Japaner gehen gern zur Bank, weil alles darangesetzt wird, dem Kunden den Aufenthalt und die Erledigung seiner Geschäfte so leicht und angenehm wie möglich zu machen.

In Deutschland muß man sich die Formulare selbst suchen, sie ordentlich ausfüllen und sich dann in eine Schlange einreihen. Vor dem Schalter ist ein Strich; wenn man ihn überschreitet, um eine Frage zu stellen, wird man zurückgeschickt. Banken sind in Deutschland keine Dienstleister, sondern Behörden. Damit ist nicht nur die Postbank gemeint. Ist der Begriff Bankbeamter eigentlich noch üblich?

In Japan werden dem Kunden in einem Frisiersalon die Haare zweimal gewaschen. Einmal vor dem Schneiden und einmal danach, um die abgeschnittenen Haarspitzen zu entfernen. Als ich diesen Wunsch bei meinem deutschen Friseur äußerte, sagte der, das ginge nicht. Wieso? Der Inhaber möchte es nicht. Ach so!

Kundenorientierung kann in Japan aber auch noch ganz anders aussehen. Die Kundentoiletten in großen Kaufhäusern gleichen kleinen Palästen. Es ist alles nur vom Feinsten bis hin zu den edlen Duftwässern, die man ausprobieren kann. Natürlich wissen die Kunden, daß dieser Luxus nicht zufällig ist, sondern sie in ein bestimmtes Kaufhaus locken soll, aber sie erliegen der Verlockung gern. Sie können sicher sein, daß dieses Kaufhaus jedesmal besucht wird, wenn man einkaufen geht. Rechnen Sie einmal die Investitionskosten für erstklassige Kundentoiletten gegen die einseitigen Tageszeitungsanzeigen mit langweiligen Sonderangeboten. »Heute Katenrauchmettwurst statt –,89 DM für nur –,79 DM pro 100 g.«

Auch Arbeitsplätze werden durch Kundenorientierung praktisch nebenbei geschaffen. Viele Taxis sind in Tokio abends mit zwei Fahrern besetzt. Der eine chauffiert das Taxi mit dem angeheiterten Fahrgast, und der andere fährt das Auto hinterher. Welches Taxiunternehmen bietet das in Deutschland?

Ich möchte nicht behaupten, daß man in Deutschland nicht bereit sei dazuzulernen. Als ich das erste Mal ein Hotel in Stuttgart besuchte, trug mir ein freundlicher Mitarbeiter die Koffer vom Wagen in der Tiefgarage zum Empfang. Dann streckte er mir die geöffnete Hand entgegen. »Wofür halten Sie die Hand auf?« fragte ich. – »Trinkgeld für den Service« war die Antwort. Ich erklärte ihm, Koffertragen sei in Japan noch kein Service, der extra belohnt werde.

»Dann erklären Sie mir einmal, welcher Service das denn sein könnte«, forderte er. »Was machen Sie, wenn Gäste vorfahren, die nicht reserviert haben?« – »Ich sage ihnen, parken Sie da drüben, und gehen Sie zur Rezeption und fragen nach einem Zimmer.« Ich gab ihm den Rat, sein kleines Funksprechgerät zu benutzen, das er an seiner Uniform trug. Damit könnte er fragen, ob noch Zimmer frei wären. Außerdem sollte er sich erkundigen, ob er den Gästen vielleicht gleich noch ein günstiges Wochenendarrangement empfehlen kann.

Als ich wieder in das Hotel kam, traf ich auf denselben Portier. Er erkannte mich und sagte:»Ihr Tip war prima, mein Chef hat sich gefreut und die Gäste auch. Haben Sie noch einen Rat?« – »Was passiert, wenn das Hotel zur Messezeit völlig ausgebucht ist?« – »Ich schicke die Leute gleich wieder weg und sage, keine Chance.« – »Falsch, erkundigen Sie sich, wo noch Zimmer frei sind, und sagen Sie den Gästen, sie sollen solange im Wagen warten. Vergessen Sie die Anfahrtskizze nicht.«

Beim dritten Besuch strahlte mich der Portier an. »Ihr letzter Tip war wirklich super.« – »Wieso?« – »Ich bekomme jetzt kein Hartgeld mehr als Trinkgeld, sondern nur noch Scheine.«

Die deutsche Niederlassung einer japanischen Firma, die Kameras und Fotokopierer produziert und vertreibt, stellte fest, daß es am Montag die meisten Anrufe beim Kundenservice gab, der dadurch völlig überlastet war. Als Abhilfe entschied man sich, am Montag alle Mitarbeiter für die Entgegennahme von Servicegesprächen zuständig zu machen. Auch wenn sie keine sofortige Lösung parat hatten, wurde der Kundenwunsch entgegengenommen, und der Mitarbeiter war dafür verantwortlich, daß innerhalb von zwei Tagen zumindest ein Rückruf erfolgte. Dabei wurde nachgefragt, ob man mit dem Service zufrieden war; falls der noch nicht geleistet werden konnte, gab man dem Kunden die Sicherheit, daß man am Ball blieb.

Der Vorteil ist, daß neben der Kundenzufriedenheit auch die Zufriedenheit der Mitarbeiter deutlich gestiegen ist. Jeder erfolgreich behandelte Anruf ist ein Erfolgserlebnis, die Arbeit wird vielseitiger, und die Identität mit dem Unternehmen wächst, denn alle Mitarbeiter sind mit den Produkten ihres Unternehmens bestens vertraut.

3.

JIT-Kaizen

Der Begriff JIT-Kaizen bildet den Kern meiner Überlegungen. Er setzt sich aus den Begriffen »Just-in-time«, kurz JIT, und Kaizen zusammen. Allerdings bedeutet das nicht, daß hier nur zwei Dinge addiert wurden, nein, ich habe durch die Kombination von JIT und Kaizen etwas Neues geschaffen. Bevor ich das weiter erläutere, möchte ich zunächst noch einige große Mißverständnisse ausräumen, die das gegenseitige Verständnis nur unnötig erschweren würden.

JIT-Kaizen steht weder für ein Produktionssystem von Automobilherstellern noch für ein System zur Ausbeutung der Zulieferer. Es ist auch kein Synonym für die Verschiebung der Lagerhaltung auf Lkw und Autobahnen, für Personalabbau oder für die Verschärfung des Arbeitstempos. Daß in vielen Köpfen diese Ideen herumspuken und oft sogar als vorbildlich empfunden werden, liegt daran, daß diejenigen, die die japanischen Arbeits- und Fertigungsmethoden studierten, dies leider nur sehr oberflächlich getan haben.

So kam es, daß der Begriff Just-in-time fast ausschließlich auf den Logistikbereich bezogen wird: die richtige Menge zur richtigen Zeit am richtigen Ort. In Japan wird Just-in-time sehr viel weiter gefaßt. Dort enthält es den gesamten Entstehungsprozeß von der Entwicklung eines Produkts, seiner termingerechten Konstruktion, seiner termin-, mengen- und preisbestimmten Produktion bis hin zu seiner Lieferung. Just-in-time ist in Japan also die auf den Kundenwunsch abgestimmte Produktion.

Ich konnte bei meiner Arbeit in Deutschland beobachten, daß Just-in-time oft einfach nur als rechtzeitig oder gerade noch rechtzeitig verstanden wurde. Lieferte man zu spät, dann war es eben »fast-in-time«. Aber das passierte selten, meist war man früher als geplant fertig und hatte dann noch etwas Spielraum, um wirklich pünktlich zu sein. Daß auch ein Zu-früh ein Fehler sein kann, ist für jemanden, der zur Pünktlichkeit erzogen wurde, indem er lieber etwas mehr Zeit einkalkuliert, manchmal schwer zu verstehen.

Mit Lieferung ist übrigens nicht nur die Versorgung von Kunden gemeint, sondern auch das Weiterreichen eines Werkstücks von einem Bearbeitungsschritt zum nächsten. Auch das soll eben genau zur rechten Zeit geschehen und nicht nur rechtzeitig. Die rechtzeitige Bereitstellung ist auch gegeben, wenn sich bereits zwei Wochen vor dem Produktionstermin riesige Stapel von Material in einer Hallenecke türmen.

Es geht also um die »gerade rechtzeitige« Bereitstellung, um das Wörtchen »just«. Es sollen eben keine Lager mehr gebildet werden, die Produktion soll fließen wie ein Bach, der ja auch nicht stehenbleibt, um Wasser aus einem Nebenarm aufzunehmen. Dieses Idealbild ist leicht verständlich; schwierig, sogar sehr schwierig, ist die praktische Umsetzung. Was alles dazugehört, erfährt man erst, wenn man sich selbst in die Produktion stellt. Planungen, Konzeptionen und Diskussionen allein reichen nicht. Wendet man JIT konsequent an, werden auch sehr schnell die Stationen eines Arbeitsablaufs sichtbar, an denen Verschwendung betrieben wird, sei es durch Wartezeiten oder durch Bildung kleiner und größerer Lager.

Für die Verwirklichung einer Just-in-time-Produktion ist es wichtig, sich darüber im klaren zu sein, welche Zeitdimension sich hinter dem Wort »just« verbirgt. Bei Produkten, deren Herstellung Monate dauert, kann das »genau rechtzeitig« einen Monat oder eine Woche umfassen. Bei anderen Produkten sind es Tage oder Stunden. Je kleiner der gewählte Maßstab ist, desto weniger Verschwendung wird es geben. Bei Mitsubishi Auto in Okazaki wird in Sekunden gemessen. Die Lieferung eines Autositzes erfolgt in einem Zeitraum von 10 Sekunden. Bei Mercedes beträgt dieser Zeitraum 8 bis 9 Stunden. Das Wort Kaizen setzt sich zusammen aus Kai, es steht für »ändern«, und Zen, das in diesem Zusammenhang »gut« bedeutet. Kaizen würde also sinngemäß übersetzt Veränderung zum Guten bedeuten, was natürlich nicht besonders aussagekräftig ist. Deshalb hat man im Deutschen, ausgehend davon, wie die Veränderung zum Guten in ihrer Anfangsphase gehandhabt wurde, Kaizen mit »kontinuierlicher Verbesserungsprozeß« übersetzt. Daß die Kurzformel KVP in der deutschen Automobilindustrie auch als »knien vor Piëch« ausgelegt wird, läßt die Vermutung zu, daß viele Elemente des Kaizen bei der Übertragung auf deutsche Verhältnisse verlorengegangen sind.

Ausgangspunkt für den kontinuierlichen Verbesserungsprozeß ist die Frage, ob die praktizierte, herkömmliche Art der Produktion sich nicht durch zahlreiche kleine Schritte immer weiter verbessern und verfeinern läßt. Insofern sind KVP und Industrial Engineering (IE) vergleichbar. Es wird der Ist-Zustand analysiert, beispielsweise mit einer Stoppuhr, vorhandene Mängel werden festgestellt und beseitigt. An der Akzeptanz und der Grundkonstellation ändert sich allerdings nichts.

Diese Methode ermöglicht zum Beispiel einen schnelleren Transport, wird aber kaum den Transport an sich abschaffen. Man wird überlegen, wie man die Lagerverwaltung rationeller gestalten kann, aber nicht, wie man das Lager abschafft. Am Verfahren ändert sich also im Grundsatz nichts. Verschwendung wird verringert, aber nicht eliminiert.

Irgendwann kommt man dann allerdings an die Grenzen des Machbaren, weitere Verbesserungen sind nicht mehr möglich. Irgendwann ist einfach einmal Schluß mit KVP. Was jetzt gebraucht wird, ist eine völlige, revolutionäre Umgestaltung ganzer Systeme und Produktionsprozesse. Dafür gibt es in

Japan den Begriff Kaikaku, was soviel heißt wie Revolution oder Erneuerung. Diese Erneuerung verliert aber sehr schnell ihre Wirkung, wenn ihr nicht bald wieder ein Verbesserungsprozeß folgt. Beides beginnt ineinanderzufließen und zu verschmelzen. Es entsteht der kontinuierliche Erneuerungsprozeß (KEP). Dieser entspricht eigentlich dem, was man in Japan heute als Kaizen ansieht.

Wenn ich jetzt Just-in-time mit Kaizen verbinde, steht JIT für das Ziel, das ich erreichen möchte, die vollständige Orientierung aller Unternehmensvorgänge an der Erfüllung der Kundenwünsche. Kaizen steht für die Methode, um dieses Ziel zu erreichen. JIT-Kaizen bedeutet somit »kundenorientierte Produktionssteuerung«, wobei das Produkt natürlich auch eine Dienstleistung im klassischen Sinn sein kann.

Beim Studium der amerikanischen und europäischen Fachliteratur stieß ich immer wieder auf die Behauptung, daß in Japan die Methode der Verbesserung dominiere, während für Europa die Erneuerung typisch sei. Ich kann hier nur mangelnde Kenntnisse und fehlende Praxis im betrieblichen Alltag Japans unterstellen. Die oben beschriebene Verknüpfung von Verbesserung und völliger Umgestaltung ist in Japan so weit fortgeschritten und verinnerlicht, daß sie mit einer bestimmten, auf europäische Verhältnisse zugeschnittenen Erwartenshaltung vielleicht auch gar nicht so einfach wahrnehmbar ist. Man findet eben immer nur das, was man sucht.

Produktionssteuerung

Bevor wir uns jetzt einem anderen Thema zuwenden, lassen Sie mich noch kurz etwas zur Produktionssteuerung sagen. Sie umfaßt die Steuerung von Personen, Werkstoffen und Betriebsmitteln durch den Einsatz von Soft- und Hard-Steuerungssystemen. Organisation, Informationsverarbeitung und Kontrolltechniken gehören zum Soft-Bereich, Maschineneinrichtung und -anordnung, Produktions- und Transportmethoden zum Hard-Bereich. Beide Bereiche müssen miteinander koordiniert und aufeinander abgestimmt werden wie zwei Räder, die auf einer Achse stecken. Nur wenn sie synchron laufen, werden alle Aspekte, wie Produktvielfalt, hohe Qualität, niedrige Kosten und kurze Lieferzeiten, harmonisch miteinander verbunden.

4.

Das Null-Fehler-Prinzip

Ein wesentlicher Bestandteil des japanischen Weges ist das Null-Fehler-Prinzip. Wenn ich mit Gruppen arbeite, frage ich die Teilnehmer gern, wie es mit der Fehlerquote in ihren Unternehmen steht. Nach den bekannten Redewendungen »Kein Mensch ist fehlerfrei« und »Wer keine Fehler macht, arbeitet nicht« bekennen sich eigentlich alle dazu, daß in ihrer Firma selbstverständlich Fehler gemacht werden. Das gehöre ganz einfach dazu, und absolute Fehlerfreiheit sei unmöglich, und so ist jeder bereit, einen gewissen Fehlerbonus einzuräumen. Nicht gerade 75 oder 80 Prozent, aber ab 90 Prozent wird man schon großzügiger. Wenn ich 99,9 Prozent Fehlerfreiheit anbiete, sind gewöhnlich alle einverstanden. Doch dann komme ich mit den folgenden Zahlen:

99,9 Prozent Fehlerfreiheit bedeutet:

Jeden Monat für knapp eine Stunde verschmutztes Trinkwasser!

1600 Postsendungen, die pro Tag in Deutschland verlorengehen!

Zwei unsichere Landungen in Frankfurt pro Tag!

20 verdorbene Essen pro Monat in einer mittleren Kantine!

5 Verkehrsampeln in Stuttgart schalten täglich in beide Richtungen gleichzeitig Grün!

22 000 Schecks, die jede Stunde von falschen Bankkonten abgebucht werden!

Natürlich werden alle bei diesen Zahlen nachdenklich. Beweisen sie doch, daß das Null-Fehler-Prinzip in den Bereichen, wo es wirklich darauf ankommt, möglich ist. Weshalb also nicht auch an anderer Stelle?

5.

Der Forschungs- und Entwicklungsprozeß

Forschung und Entwicklung haben in Japan einen sehr hohen Stellenwert. Nur sind sie deshalb nicht gleich abgehoben und schweben über allem. Der Forschungs- und Entwicklungsprozeß ist sehr stark an der Basis der Unternehmen verwurzelt, und das bedeutet zunächst einmal wieder Kundenorientierung. Es sind nur die Produkte zu verkaufen, die der Kunde wünscht, und die Aufgabe der F+E-Abteilungen besteht zunächst darin, diesen Kundenwunsch möglichst genau in Erfahrung zu bringen. Deshalb wird sehr viel mit den Kunden direkt gesprochen. In Deutschland ist das etwas anders. Für den Kundenkontakt ist der Vertrieb zuständig. Darüber türmen sich dann Marketing und Produktmanagement auf, die Zusammenarbeit mit der Produktion läuft häufig über die Unternehmensspitze, ein Weg, den auch viele Informationen zurücklegen müssen. Forschung und Entwicklung sind wieder spezielle Abteilungen, die zur Produktionsseite gehören und dort fast in einem Elfenbeinturm arbeiten.

Es ist manchmal wirklich erstaunlich, wie dort die hohe Kunst der Ingenieurwissenschaften zelebriert wird und welche Themen als wichtig betrachtet werden. Wenn mir stolz gesagt wird: »Wir sind die letzten in Deutschland, die sich noch mit diesem Problem befassen«, dann denke ich nur an die armen Kunden. Eine japanische Elektronikfirma lädt einmal im Monat Hausfrauen aller Schichten ein und bittet sie, im offenen Gespräch über ihre alltäglichen Probleme zu sprechen. Eine der Frauen

klagte darüber, daß ihre Tochter stundenlang das Telefon blok-
kiere, weil sie sich mit ihrer Freundin fast die ganze Nacht
unterhielt. Also baute die Firma ein Telefon, das nach drei
Minuten selbsttätig die Verbindung abbricht, danach muß man
neu wählen. Eine einfache Idee, die die Leitung für ankom-
mende Gespräche immer wieder frei macht, erzieherisch wirkt
und darüber hinaus auch noch Gebühren spart. Das mag vielleicht nicht im Sinne der Telefongesellschaften sein, aber im
Sinne der Kunden. Vielleicht hätten sich viele Deutsche mit
einem solchen Telefon eine Menge Ärger mit der Telekom
erspart, die ihnen horrende Rechnungen für Auslandsgesprä-
che präsentiert, die sie nie geführt haben wollen.
Eine andere Frau hatte Probleme, weil ihr Sohn täglich drei
Stunden vor dem Fernseher im Kinderzimmer sitzt. Nun gibt
es ein Gerät für das Kinderzimmer, das sich pro Tag nur für
insgesamt eine Stunde anschalten läßt. Wie sich das Kind
diese Zeit aufteilt, ist seine Sache. Wenn die Stunde um ist,
bleibt der Fernseher für die nächsten 10 oder 14 Stunden aus.
Weil Japan kein Ladenschlußgesetz wie Deutschland hat, wurde
der Service des Handels immer besser. Das hatte eine ganz
erstaunliche Konsequenz. Früher waren in Japan genauso große Kühlschränke wie in Europa in Mode. Dann wurden sie
immer kleiner, niemand mußte mehr viel bevorraten, weil er
seine Lebensmittel immer und überall frisch kaufen konnte.
Jetzt haben wir in Japan einen Kühlschrank auf dem Eßtisch,
und das ist eine phantastische Idee. Viele Menschen entdeck-
ten aber, daß es sehr unpraktisch ist, daß sich die Kühlschrank-
tür nur zu einer Seite öffnen ließ. Also baute ein Elektrogeräte-
hersteller ein Gerät, dessen Tür sich sowohl nach links wie
auch nach rechts öffnen ließ, gerade so, wie man es eben
brauchte.
Über diese Idee habe ich auch mit einem deutschen Hersteller
gesprochen. Der sagte, die Technik sei doch ganz simpel, aber
es gäbe in Deutschland niemanden, der einen Kühlschrank

wünscht, dessen Tür sich nach beiden Seiten öffnen läßt. So einfach ist das. Das gilt auch für Kühlschränke in Popfarben. Rosa, lila, gelb oder blau. In Japan gibt es Leute, die das mögen, deshalb werden farbige Kühlschränke produziert. Und wer dies in Deutschland mag? Der hat eben Pech. So ist das hier mit der Kundenorientierung und deren Bedeutung für Forschung und Entwicklung.

Ein letztes Beispiel aus Japan. Ein Hersteller von Fotokopierern hat auf Wunsch der Kunden zunächst für den japanischen Markt einen Entkopierer entwickelt. Es ist ein Gerät, das genau das Gegenteil von dem tut, was ein Fotokopierer macht. Fehlerhafte oder überflüssige Kopien werden in das Gerät gesteckt, und am anderen Ende kommt ein sauberes Blatt Papier heraus, das noch einmal verwendet werden kann. Das Gerät ist zur Zeit noch sehr teuer und steht nur in einigen großen Behörden und Ministerien, die ein hohes Kopieraufkommen haben. Für den Entkopierer werden langfristig die Kosten und der Umweltaspekt sprechen. Statt erst beim Papierrecycling die Probleme mit den Tonerfarbstoffen zu lösen, unvermeidliche Qualitätsminderungen durch immer kürzer werdende Papierfasern hinzunehmen und dann in die Produktion neuen Papiers zu investieren, wird durch den Entkopierer ein einmal bestehendes Gut mehrfach genutzt.

Weshalb haben deutsche Umweltschützer diese Idee nicht ganz oben auf ihre Liste zum Schutz des Waldes gesetzt? Ich glaube, viele Deutsche sind völlig frustriert und trauen sich als Kunden oder Händler gar nicht mehr, die Hersteller mit Wünschen anzusprechen. Vielleicht gibt es auch keine mehr, die ansprechbar sind.

6.

Integration der Zulieferer

Die Integration der Zulieferer als Element des japanischen Weges ist in keiner Weise isoliert zu betrachten, wie natürlich alle anderen Elemente auch nicht. Ohne die Zulieferintegration wäre ein kundenorientiertes Handeln ebenso unmöglich wie die Verwirklichung des Just-in-time-Null-Puffer-Prinzips. Der Zulieferer ist fester Bestandteil der gesamten Produktionskette, mag er ganz am Anfang stehen oder für einen Zwischenschritt verantwortlich sein, entscheidend ist, daß auch er jederzeit »Bescheid weiß« und ihm alle notwendigen Informationen zufließen.

Wenn Sie in Deutschland zu einem Optiker gehen und Sie sich für ein Gestell entschieden haben, können Sie die Brille meist schon innerhalb weniger Tage fertig abholen, wenn es keine besonderen Probleme bei den Gläsern gibt. In Tokio erhalten Sie Ihre Brille innerhalb einer Stunde. Das liegt aber nicht daran, daß der Optiker ein riesiges Lager besitzt, sondern daß er und seine Zulieferer gemeinsam auf den Wunsch des Kunden hinarbeiten.

Das sieht folgendermaßen aus: Der Auftrag für die Brillengläser geht per On-line-Computer an eine Zentrale, zum Beispiel die der Firma Hoya-Glas. Von dort werden verschiedene Lieferwagen im Stadtgebiet dirigiert. Diese Wagen haben in ihrem Laderaum eine Spritzgußmaschine, mit der man Plastikbrillengläser herstellen kann, und eine Schleifmaschine für mineralische Gläser. Per Funk erhält der nächste freie Wagen die

Angaben über die gewünschten Gläser und den Namen des Optikers. Während der Fahrt dorthin werden die Gläser automatisch hergestellt und bearbeitet. Da Parkplätze in Tokio Mangelware sind, meldet sich der Fahrer kurz vor der Ankunft beim Optiker, dieser nimmt auf der Straße die Gläser in Empfang, und der Wagen kann seine Tour fortsetzen. Gleich darauf ist die Brille fertig.

Eine andere Form der Zusammenarbeit mit den Zulieferern praktiziert die Firma Nissan. Früher war es üblich, daß jeder Zulieferer seine Teile mit seinem Lkw Just-in-time anlieferte. Die Nissan-Fabrik bildete den Mittelpunkt, auf den die verschiedenen Wagen zufuhren. Da jeder nur die Menge lieferte, die innerhalb einer bestimmten Zeit in der Produktion benötigt wurde, waren viele Wagen nicht voll beladen. Es handelte sich eindeutig um Verschwendung.

Da Nissan davon ausging, daß es für das Unternehmen vorteilhafter ist, wenn sich die Zulieferer nicht bekämpfen, sondern zusammenarbeiten, wurden sie von Nissan gebeten, ihre Lieferungen untereinander zu koordinieren. Die Lkw fahren jetzt ringförmig von einem Zulieferer zum nächsten, bis sie voll beladen sind. Erst dann steuern sie Nissan an. Die Zulieferteile befinden sich dabei nicht mehr in den üblichen Transportverpackungen, sondern in fahrbaren Regalen, die direkt an das Fließband gerollt werden können.

Der Koordinationsaufwand für drei Fahrten täglich war zunächst beträchtlich, doch dann wurde es zur Routine. Die Fahrer ließen ihre beladenen Lkw auf dem Nissan-Gelände stehen und kehrten mit den leeren Wagen von der vorhergehenden Tour zurück. Die Zulieferer sparten etliche Kilometer Fahrstrecke und konnten dadurch billiger liefern. Gleichzeitig wurde die Geschäftsverbindung zwischen allen Beteiligten noch enger. Neue Wettbewerber, die in Deutschland immer so sehr gefürchtet werden, haben kaum eine Chance, sich in diese enge Kooperation einzuklinken und von einem anderen Standort ebenso günstig und Just-in-time anzubieten.

Zulieferer muß nach dem japanischen Verständnis auch nicht unbedingt ein anderes Unternehmen sein. Eigentlich ist es jeder, der einen anderen bei der Erfüllung seiner Aufgaben unterstützt. So sind in einem größeren Unternehmen schon andere Abteilungen oder Abteilungen mit anderen Funktionen als Zulieferer zu betrachten. Daß dabei in Deutschland die Gräben tiefer und unüberwindlicher sein können als zum schärfsten Wettbewerber, werden Sie schon selbst erlebt haben.

Hier noch ein für mich als Kunden sehr angenehmes Beispiel von hausinterner Zulieferintegration bei einem großen Bekleidungskaufhaus. Wenn ich in Japan einen neuen Anzug haben möchte, kann ich ihn mir, statt von der Stange zu kaufen, auch ohne große Mehrkosten maßschneidern lassen.

Ich probiere verschiedene Modelle an und entscheide mich für Form und Größe, dann ruft der Verkäufer die verschiedenen Stoffe auf einem Computerbildschirm auf, ich selbst werde mit einem Virtual-Reality-Programm erfaßt und erscheine dann auf dem Schirm. Schon kann ich kontrollieren, ob Anzug und Stoff mir gefallen. Eine Tasche mehr und die Ärmel der Jacke etwas länger, kein Problem. Wenn ich mich auch noch für den gewünschten Stoff entschieden habe, geht der Anzug in Auftrag. Das Lager liefert die gewünschte Stoffmenge an die Werkstatt, dort steuert der Computer den Zuschnitt nach meinen Wünschen. In der Näherei wartet man schon auf die Teile. Nach zwei Stunden ist mein Anzug fertig.

Zulieferintegration wird in Japan als Chance für eine bessere Marktposition durch günstigere Preise und mehr Kundenservice verstanden. Wenn es sich um eine wirkliche Integration handelt, dann sind auch die gegenseitige Abhängigkeit und die Notwendigkeit von hundertprozentiger Zuverlässigkeit sehr groß. Ein Nachteil ist, man wird seine Zulieferer nicht beliebig austauschen können.

Das haben auch Ferdinand Piëch von VW und sein Mitstreiter López schon lange begriffen. Deshalb halte ich es aus meiner Sicht für unfair, sie ohne Kenntnis der sehr wichtigen Details als Killer der Zulieferindustrie zu bezeichnen. Gerade im Bereich der Automobilzulieferer in Deutschland hatte man es sich lange Zeit sehr bequem gemacht und war Veränderungen oder gar Neuem gegenüber in keiner Weise aufgeschlossen. Traditionsdenken, bäuerlicher Egoismus, Fremdenfeindlichkeit und große Stückzahlen waren die bestimmenden Faktoren für diese meist weit außerhalb der großen Städte liegenden Betriebe. Einige wenige haben begonnen, sich nach japanischem Vorbild neu zu strukturieren, und der Erfolg gibt ihnen recht.

Ich kann nur raten, so schnell wie möglich mit der Integration der Zulieferer zu beginnen. Manche Automobilhersteller in Deutschland sind mit ihren Zulieferern schon dahin gehend vernetzt, daß sie gemeinsam Simultancous Engineering betreiben und dadurch überflüssige Schritte in der Forschungs- und Entwicklungsarbeit vermeiden. Wenn ein Zulieferer für konkurrierende Hersteller arbeitet, wird er von Einkäufern wie López von VW vor die Wahl gestellt werden, nur noch für einen zu arbeiten. López verlangt Keiretsu – Zulieferertreue.

7.

JIT-Null-Puffer-Prinzip

Zu diesem Punkt ist eigentlich nur noch wenig zu sagen, wenn Sie die Kapitel über Verschwendung und JIT-Kaizen gelesen haben. Eine Fertigung mit der Puffergröße eins entsteht automatisch, wenn man nach dem Just-in-time-Prinzip zur Fließfertigung mit Losgröße = 1 übergeht. In einer fließenden Arbeitsorganisation wären Puffer nur Störfaktoren. Daß das Null-Puffer-Prinzip trotzdem als eigenes Element des japanischen Weges mit aufgeführt wurde, liegt daran, daß es zunächst losgelöst von den anderen als selbständige Idee entwickelt wurde.

Daß große Lose preiwerter zu fertigen sind als Einzelstücke, ist ein Mythos, der endlich beseitigt werden muß.

8.
Die Unterschiede zwischen dem japanischen und dem deutschen Weg

Zum besseren Verständnis und zum schnellen Vergleich habe ich nachfolgend die wichtigsten Unterschiede des deutschen und des japanischen Weges einander gegenübergestellt.

Der deutsche Weg	Der japanische Weg
Grundgedanke Innovation	**Grundgedanke Kaizen** kontinuierliche Verbesserung

● Große Entwicklungssprünge
● Große Investitionen
● Großer Mitteleinsatz
● Technik und Finanzmittel
  im Zentrum der Überlegungen
● Arbeit von Spezialisten
● Arbeiter als Befehlsempfänger
 	
● Individuelle Kreativität
 	
● Top-down-Strategie
● Anweisen und kontrollieren
● Dosierte Information
● Befehlsmanagement
	● Kleine, permanente Schritte
	● Kleine Investitionen
	● Prozeßorientierter Mitteleinsatz
	● Menschenzentriert
	
	● Arbeit aller Beteiligten
	● Denkende Arbeiter als größtes
	  Kapital
	● Kollektive Kreativität, team-
	  orientiert
	● Bottom-up-Strategie
	● Beteiligen und motivieren
	● Umfassende Information
	● Informationsmanagement

Das Erziehungssystem	
● Individuelles Entwicklungsziel ● Selbstverwirklichung ● Konkurrenz von Individuen ● Hohe berufliche Bildung ● Fachspezialisten ● Weiterbilden, anlernen	● Kollektives Entwicklungsziel ● Gruppenerfolg ● Konkurrenz von Gruppen ● Hohe Allgemeinbildung ● Generalisten ● Learning by doing
Die Karrierebasis	
● Berufliche Kompetenz ● Fachliche Entwicklung ● Sich durchsetzen (Ellenbogen)	● Seniorität, Bereitschaft zur Rotation ● Permanente Personalbewertung ● Sich unterordnen (Verbeugung)
Chart 4: Der deutsche und der japanische Weg	

IV.

Das Selbstverständnis des japanischen Managements

Es gehört zu den Grundtugenden eines japanischen Managers, seine eigenen Ansprüche und Bedürfnisse zunächst einmal zurückzustellen. Seine Position festigt er nicht durch seine besonderen Vorrechte, sondern durch sein Vorbild. In deutschen Unternehmen habe ich bei den Führungskräften aller Hierarchiestufen Anspruchsdenken, Beamtenmentalität und eine Einstellung gefunden, die das Unternehmen als Selbstbedienungsladen betrachtet. Diese Grundhaltung wird in den meisten Unternehmen sogar noch gefördert und in den anderen zumindest geduldet.

Man ist in der westlichen Welt der Auffassung, daß sich innerbetrieblicher Wettbewerb positiv auf das Unternehmen auswirke und gefördert werden sollte. Deshalb legt man großen Wert auf Statussymbole, die aufzulisten einen endlos langen Katalog ergeben würde. Wieviel Zeit wird damit verbracht, darüber nachzudenken, wer Anspruch auf welche Machtinsignien hat. Wer bekommt einen Blumenstrauß auf den Schreibtisch gestellt? Werden die Blumen täglich gewechselt oder wöchentlich? Manche Vorgesetzte mogeln und kaufen den Blumenstrauß selbst, um sich wichtiger zu machen. Wer bekommt welchen Dienstwagen mit welcher Ausstattung? Viele Jahre wurde in deutschen Unternehmen ein erbitterter Kampf um das Autotelefon als Statussymbol geführt, dann machte das D-Netz alle gleich. Ebenso erbittert wurde der Computer auf dem Schreibtisch bekämpft. Er signalisierte, daß derjenige arbeiten mußte, wenn er denn mit dem Ding klarkam. Wie viele Chefs habe ich kennengelernt, die stolz darauf waren, ihren Computer nicht bedienen zu können. Je komplexer eine Telefonanlage auf dem Schreibtisch war, desto bedeutender ihr Besitzer. Manche Chefs waren nicht einmal in der Lage, selbst eine Telefonnummer zu wählen.

Aus japanischer Sicht ist das alles Unsinn, für Deutsche wesentlicher Bestandteil des internen Wettbewerbs. Für Japaner hat die Ellenbogengesellschaft innerhalb eines Unternehmens nichts zu suchen. In Deutschland werden 40 bis 60 Prozent der Arbeitszeit von Führungskräften mit Schuldzuweisungen, Rechtfertigungen und der Absicherung der eigenen Position verbracht. Und was dem oberen Management recht ist, ist dem mittleren Management billig. Es muß sich gegen alle Vorwürfe absichern, nach oben, zur Seite und nach unten. Jeder baut sein kleines Machtnest auf, jeder spezialisiert sich so weit, daß kein anderer mehr etwas von der Sache verstehen kann, das Abteilungsdenken feiert ungeahnte Triumphe. Für einen Japaner ist das unvorstellbar.

Das japanische Management führt, indem es sich zunächst dem Einfachen, Klaren und Kleinen widmet. Erst danach werden die großen und komplizierten Probleme behandelt. Oft haben sie sich allerdings schon von selbst verflüchtigt, weil sie eigentlich nur aus lauter kleinen Problemen bestanden. In Deutschland wird umgekehrt verfahren. Was zählt, ist der große Wurf. Viele mögliche kleine Verbesserungen werden zurückgestellt, weil eine perfekte Gesamtlösung angestrebt wird. Je größer ein Unternehmen ist, desto größer und schwieriger ist diese Lösung, desto mehr muß diskutiert und abgestimmt werden. Entscheidungen zögern sich endlos hinaus.

Manchmal haben sich die Marktbedingungen schon längst wieder gewandelt, bevor die Lösung realisiert wurde. Dadurch kommt man in einen unendlichen Entwicklungsprozeß, der irgendwann zum Selbstzweck wird.

In Japan gibt es eine Faustformel, die 27 : 72 lautet. Sie wird den Managern, die nach Europa gehen, mit auf den Weg gegeben. Eine Projekt, das in Japan 27 Monate benötigt, braucht in Europa 72 Monate, gleiches gilt für die benötigten Wochen oder Tage. Aus japanischer Sicht dauert es in Europa auf jeden Fall zulange. Dabei handelt es sich nur um vertane Zeit, da die Entscheidungsprozesse durch Pausenzeiten zerdehnt werden. Japanische Unternehmen sind an einer auf das Ganze gerichteten Unternehmensphilosophie ausgerichtet, die sich am Wandel der Bedingungen orientiert. Deshalb sind zehn kleine Schritte, die sofort umgesetzt werden können, besser, als erst einmal nichts zu tun und auf die große Erleuchtung zu warten.

Im allgemeinen ist das deutsche Management völlig auf das Anordnen und Kontrollieren ausgerichtet. Es ist die 3-K-Methode: Kommandieren, kontrollieren und korrigieren. In Japan steht die Motivation der Mitarbeiter an erster Stelle. Jeder Manager richtet sein ganzes Handeln danach aus, seine Mitarbeiter zur Teamarbeit zu befähigen und sie zu einem schöpferischen Mittun zu bewegen. Dazu ist es notwendig, eine Atmosphäre zu schaffen, die von der Umsetzung einer gemeinsamen Vision lebt. Das ist um so leichter möglich, je transparenter die Arbeitszusammenhänge sind, je leichter die einzelnen Arbeitsschritte von allen verstanden und erlernt werden können und je standardisierter die Arbeitsabläufe sind. Dieser Transparenz dienen auch die Großraumbüros, in denen alle gemeinsam arbeiten und auch der Chef seinen Schreibtisch stehen hat.

Angenommen, es gibt in der Produktion ein akutes Problem. Fragt man einen leitenden Angestellten in Deutschland, wird er antworten: »Ich habe alles im Griff und unter Kontrolle.« Die Antwort des Japaners wäre: »Alle wissen bereits Bescheid.« Das Problem wird gemeinsam gelöst und nicht in einer Einbahnstraße von oben nach unten. In Japan ist es dann auch beseitigt, in Deutschland wird man den Schuldigen suchen.

Um es noch einmal zusammenzufassen, in Japan ist das Abteilungsdenken viel geringer ausgeprägt, es steht der Entwicklung von Teamgeist und kreativem Engagement der Mitarbeiter entgegen. Statt vieler Spezialisten ist der gut ausgebildete Mehrzweckarbeiter das Ideal. Durch Jobrotation hat er sich breite Kenntnisse über die Zusammenhänge des Betriebes und vielfältige Fähigkeiten erworben. Er weiß, welche Arbeiten vor und welche nach ihm erledigt werden müssen. Auch die Manager kennen diese Zusammenhänge, denn auch sie arbeiten zumindest von Zeit zu Zeit in der Produktion mit. Grundsatz ist: Die beste Maschine nützt nichts, wenn nicht ein motivierter Mitarbeiter sie bedient.

V.
Die praktische Umsetzung

1.

Wie ein Unternehmer vorgehen muß, um Veränderungen zu implementieren

Die Initiative, in einem Unternehmen etwas zu verändern, geht nie vom mittleren Management, sondern immer von der Unternehmensführung aus. Gerade in mittelständischen Unternehmen ist der Geschäftsführer oder Vorstand oft auch der Eigentümer – eine aus meiner Sicht ideale Kombination. Sind Besitz und unternehmerische Verantwortung getrennt, kann es durchaus vorkommen, daß sich der Besitzer auf die Seite der Lehmschicht schlägt und seinen Topmanagern das Leben sauer macht. Fluktuation und Rotation auf höchster Ebene sind dann die Folge. Wer ein Unternehmen besitzt, es aber nicht führen kann oder will, tut gut daran, sich ganz aus dem Tagesgeschäft herauszuhalten.

Gesetzt den Fall, der Wille zur Veränderung ist vorhanden, die Unternehmensführung möchte effizienter werden, Kosten sparen und eine bessere Marktposition erreichen. Man hat sich umgehört, Seminare besucht, eine Meinung gebildet. Die Entscheidung ist auf JIT-Kaizen gefallen. Sehr schön. Können die obersten Führungskräfte Kaizen jetzt einfach einführen? Nein, auch dann nicht, wenn sie über ein exzellentes theoretisches Wissen verfügen und ihre bewährten Führungsinstrumente hundertprozentig beherrschen.

Der Grund ist ganz einfach: Kaizen ist eine Revolution, ein Aufstand. Lassen Sie mich dieses Bild mit etwas altertümlichen Begriffen noch ein wenig weiter ausmalen. Der König kann eine Revolution gegen Mißstände vielleicht dulden, aber nicht selbst durchführen. Eine Revolution geht immer von unten nach oben oder kommt von außen. Wer die Revolution führt, wird bekämpft werden und muß selbst kämpfen. Der König darf nicht im Kampfgetümmel untergehen, er muß sein Reich nach außen schützen, nach innen Ziele setzen und Gerechtigkeit walten lassen. Und er darf seine Macht nicht verlieren.

In jedem Unternehmen finden sich an der Basis Menschen, die etwas verändern oder verbessern wollen. Damit meine ich nicht die Nörgler und Querulanten, sondern die, die guten Willens sind, die Freude an der Arbeit haben und etwas schaffen wollen, die in der Arbeit mehr sehen als nur Broterwerb. Diese Menschen gilt es zu finden. Wenn ich in ein Unternehmen komme und einen ersten Vortrag über den japanischen Weg halte, dann merke ich sofort, auf wen der Funken der Begeisterung überspringt, wer intuitiv erkennt, welche Chancen sich für ihn und seinen Arbeitsplatz auftun. Diese Leute sollten als »task force«, als schnelle Eingreiftruppe, zusammengefaßt werden.

Aus der Praxis vom Arbeitsplatz heraus sollen sie als Kaizen-Gruppe Verbesserungsvorschläge erarbeiten und sie umsetzen. Ich stehe vielen solcher Gruppen als Berater zur Seite und trainiere sie. Die Kaizen-Gruppe funktioniert nur, wenn sie im direkten Gespräch mit der Unternehmensleitung steht. Sie braucht die Vollmacht, in einem bestimmten Rahmen zu entscheiden und zu handeln. Sie braucht zusätzliche Zeit, um Veränderungen zu besprechen. All das wird dem mittleren Management nicht gefallen, aber nur in dieser Zangenbewegung, mit den Ideen von ganz unten und dem Willen zur Veränderung von ganz oben, läßt sich der Widerstand der Mitte aufbrechen.

Lassen die Strukturen des Unternehmens zunächst keine Bildung von Kaizen-Gruppen zu, muß ein externer Berater praktisch als Keil beim mittleren Management angesetzt werden, der zunächst dort die Verkrustungen sprengt. Der Kampf zwischen Berater und Management läßt nur zwei Möglichkeiten zu: entweder mitmachen oder raus. Dazwischen gibt es nichts. Es kann den Berater treffen, wie ich es schon selbst erlebt habe. Ein Kaizen-Mann wird es nie mit seinem Gewissen und seiner Selbstachtung vereinbaren können, bei lauem oder erst recht nicht bei falschem Verhalten mitzumachen. Es kann aber auch das Management treffen. Manche meiner ärgsten Gegner sind jetzt überzeugte Kaizen-Anhänger. Das freut mich. Andere, die von ihrer Unersetzlichkeit und Unangreifbarkeit überzeugt waren, sitzen auf der Straße. Es wäre nicht notwendig gewesen, wenn der dauerhafte Schaden, den sie dem Unternehmen auch zukünftig zuzufügen gedachten, nicht deutlich absehbar gewesen wäre. Hier hält sich mein Bedauern in Grenzen.

Ich will mich niemandem als Berater aufdrängen, schließlich gibt es eine ganze Reihe von Kollegen, die ich sehr schätze. Aber die Erfahrung hat gezeigt, daß die Anwesenheit eines externen Beraters als Initialzündung praktisch unerläßlich ist, wenn JIT-Kaizen eingeführt werden soll. Das mag bei anderen Methoden anders sein. Aber JIT-Kaizen ist eben keine Methode, sondern ein Prozeß der Bewußtseinsänderung, und das macht den großen Unterschied.

Die Risiken der Beraterrolle

Oft haben weder ich selbst noch meine Beratungskunden am Beginn einer Zusammenarbeit eine konkrete Vorstellung davon, mit welchen Problemen wir konfrontiert werden. Mein Vorschlag lautet heute fast immer: Lassen Sie mich erst einmal den Betrieb sehen, dann halte ich einen kurzen Vortrag vor den Mitarbeitern darüber, was JIT-Kaizen ist und wie es funktioniert. Danach diskutiere ich mit Ihren Mitarbeitern über einige Punkte, die mir während des Rundgangs aufgefallen sind, wo-

bei wir feststellen werden, wie die Grundstimmung ist. Alles
weitere entscheiden wir anschließend.

Dieses sehr simple, vorsichtige und für beide Seiten mit wenig
Risiken behaftete Vorgehen hat sich bewährt. Früher habe ich
mich manchmal sehr schnell vereinnahmen lassen und wurde
von den großen Erwartungen manchmal förmlich überrannt.
So hat mich einmal eine deutsche Unternehmensberatung an
einen ihrer Kunden weitervermittelt. Es handelte sich um ein
Unternehmen, das Tiefkühlprodukte herstellt und sie auch im
Direktvertrieb vermarktet. Wie sich später herausstellte, waren mir wahre Wunderkräfte angedichtet worden. Über meine
Methoden, Verschwendung zu eliminieren, Kundenorientierung
herzustellen, Mitarbeiter zu motivieren und einen kontinuierlichen Erneuerungsprozeß einzuleiten, ließ man nichts verlau-
ten, sondern man hatte nur versprochen, daß ich ohne große
Eingriffe die Produktivität um 30 Prozent steigern könne. Das
war ein absolut unseriöses Versprechen, aber offensichtlich
ging es der Unternehmensberatung nur darum, ihren Kunden
abzuzocken, frei nach dem Motto: Selbst schuld, wenn er das
glaubt.

Während die Geschäftsführung des Unternehmens wünschte,
daß ich die gesamte Firma in Augenschein nehmen sollte,
definierte das mittlere Management meinen Auftrag geringfü-
gig um. Es gehe nur noch um die unterste Unternehmens-
ebene, dort müsse motiviert und umorganisiert werden. Ziel sei
es, daß die Vorgaben aus dem Management zukünftig besser
umgesetzt werden. Man war unzufrieden, weil nicht von allen
Verkaufsfahrern die vorgeschriebenen Produkt- und Mengen-
ziele erreicht wurden.

Also setzte ich mich zu den Fahrern in die Wagen und fuhr mit
ihnen zu den Kunden. Das würde nichts bringen und sei
Zeitverschwendung, sagte mir das mittlere Management. Wie
ich später erfuhr, hatten sie die Fahrer nach Dienstschluß
penibel darüber verhört, was ich gesehen, gesagt und gefragt

hätte. Man begann Munition zu sammeln, um mich abzu-
schießen.

Natürlich bin ich auch in einige Fallstricke getappt. Einen
Vorschlag empfand ich als sehr entgegenkommend. Statt von
mir umständliche und aufwendige Berichte zu fordern, schlug
man einen schnelleren und direkteren Weg vor. Einige Herren
aus der Zentrale würden mich vor Ort aufsuchen und die mündlich vorgetragenen Verbesserungsvorschläge entgegennehmen.
Das kam mir sehr entgegen, war aber ein großer Fehler. Die
Herren reichten nur die Informationen weiter, die ihnen nütz-
ten, der Rest wurde unterschlagen. Das stellte ich aber erst
später fest.

Was mir bei den Kühlwagen von Anfang an nicht gefallen hat,
war die Unordnung, die in den Laderäumen herrschte. Irgendein Artikel lag immer ganz unten, so daß die übrigen darüber
erst herausgenommen und dann wieder eingepackt werden
mußten. Dadurch ging natürlich jegliche Übersicht verloren,
und die Suche wurde bei jedem Kunden länger. Dadurch, daß
die Türen so lange geöffnet waren, stieg jedesmal die Tem-
peratur im Kühlraum, was sicher nicht die Qualität der Produkte steigerte. Da es am Wagen keine Fläche zum Sortieren
gab, legten manche Fahrer die Kartons einfach auf die Straße.
Wohlgemerkt, es lagen nicht die Produkte selbst auf der Straße,
aber sehr hygienisch fand ich das alles nicht. Mein Vorschlag
war, ein Schubladensystem im Verkaufswagen zu installieren.
Die Kundenbesuche waren in höchstem Maße aufschlußreich.
Nahezu jeder Kunde bemängelte, daß der Hauptkatalog nicht
informativ und aufschlußreich genug sei. Ständig eintreffende
Veränderungsmeldungen, Streichungen und Neuaufnahmen sowie Sonderangebote verwirrten den Kunden vollends. Offensichtlich sollte diese Informationsflut die Bindung des Kunden
an das Unternehmen fördern und ihm das Gefühl von Service
geben. Tatsächlich wurde eher das Gegenteil erreicht.

Ähnlich wie den Kunden erging es auch den Fahrern. Jeden Tag erhielten sie neue schriftliche Anweisungen, was und wieviel sie zu verkaufen hatten. Maßgeblich waren oft die näher rückenden Verfallsdaten und übermäßig hohe Lagerbestände.

Eine tiefgestaffelte Hierarchie führte zu unendlich langen Entscheidungswegen. Als ein Filialleiter die letzten heißen Sommertage nutzen wollte, um Grillwürstchen im Sonderangebot anzubieten und das Lager zu räumen, kam die Zustimmung der Zentrale – allerdings erst Ende November, als die Grillsaison definitiv vorbei und das Verfallsdatum der Ware endgültig erreicht war.

Nachdem ich glaubte, die ersten wesentlichen Probleme erkannt zu haben, versuchte ich, mit den Verantwortlichen im Unternehmen zu sprechen.

Der Hauptkatalog müßte verbessert werden. Daß bestimmte Eisprodukte sich nicht mehr drehten, sondern am Lager liegenblieben, war nicht auf verändertes Verbraucherverhalten zurückzuführen, sondern lag einfach daran, daß man sie aus dem Katalog gestrichen hatte. Natürlich begann man sofort, die Schuldfrage zu diskutieren. Gleiches galt für bestimmte Produkte, die den Kunden nicht schmeckten. Manche der Käufer standen deshalb im Dauerkontakt mit dem Unternehmen. Im Hauptkatalog hatte man groß eine 0130-Telefonnummer als Kunden-Hotline ausgedruckt. Geändert wurde nichts, sagten mir die Kunden, und ich war der Sache nachgegangen.

Die Dame mit der freundlichen Stimme am Telefon nahm die Beschwerden entgegen und gab sie an den zuständigen Filialleiter weiter. Der machte seinen Vertretern Druck. Die hielten aber nichts von Kunden, die sich beschwerten. Damit war das Thema erledigt. In einem anderen Fall wurde die Verantwortung für den reklamierten Mangel als Mittel zum Machtkampf genutzt und so lange hin und her geschoben, bis niemand mehr wußte, worum es ging. Der beste Service hätte unter diesen Umständen darin bestanden, die Servicenummer zu streichen.

Dann hätten die Kunden wenigstens nicht mehr das Gefühl gehabt, daß man sie veralbern wolle.

Auch die Fahrer hatten mir viele wertvolle Anregungen mit auf den Weg gegeben. Wenn man abends liefern würde, könnte man bestimmte Kunden besser erreichen, oder wenn man sich über ein Autotelefon kurz anmelden würde. Die Fahrer wußten auch sehr genau, daß die Kunden keine überteuerten Standardprodukte wie Pommes frites wollten, sondern lieber Gourmetmenüs, die sie nicht selbst kochen können. Mit solchen Produkten werden übrigens auch in Japan die besten Umsätze gemacht. Ich konnte den Herren vorrechnen, wie unwirtschaftlich es ist, für den Verkauf einer Tüte Pommes fünfzehn Kilometer zu fahren. Auf einem Verkaufswagen befanden sich bis zu 300 verschiedene Produkte. Gängig waren aber nur rund 30, der Rest wurde als Ballast mitgeschleppt und spazierengefahren. Man machte mir klar, daß meine Kritik insgesamt in die falsche Richtung ziele. Ich hätte Lösungen finden sollen, die für einen besseren Abverkauf sorgen. Statt dessen würde ich die Werbeabteilung und das Produktmanagement angreifen und deren bisherige Arbeit in Frage stellen. Hier sei aber kein Beratungsbedarf vorhanden, und man geleitete mich zur Tür. Das Unternehmen machte weiter wie zuvor, und es geht ihm wohl immer schlechter. Solange die absolute Schmerzgrenze nicht erreicht ist, wird sich auch sicher nichts ändern. Das kann manchmal erst der bevorstehende Konkurs bewirken.

Die Lehmschicht

Der Siemens-Chef hat von ihr gesprochen, und auch ich treffe sie in jedem Unternehmen wieder – die Lehmschicht. Es ist das mittlere Management. Schon etwas in die Jahre gekommen, reich an Erfahrungen, mehr schlechten als guten, wohlwissend, was geht, und noch besser wissend, was nicht geht, mit einigen verpaßten Chancen, nicht talentiert oder flexibel genug, die Karriere weiter nach oben fortzusetzen, nahezu unkündbar, so sitzen sie in mäßig schönen Büros.

Manche sind von überschäumender Fröhlichkeit, weil sie sich nur noch um ihr Privatleben zu kümmern brauchen, in der Firma ist alles bestens organisiert und läuft so, wie sie es wollen. Andere sind mißtrauisch und verschlossen, leicht verletzlich, einmal hart, einmal leutselig, pedantisch darauf bedacht, jede Verantwortung von sich weisen zu können. Was diese beide Charaktere und alle Mischformen dazwischen verbindet, sind der große Wunsch und das hartnäckige Bestreben, nichts von dem zu ändern, was ist. Wie eine Lehmschicht in der Erde verhindern sie, daß vom Grund etwas aufsteigen kann und daß von oben jemals etwas nach unten durchsickert. Sie versiegeln das Unternehmen. Die Führung soll nur erfahren, was sie für richtig halten, und die Führung kann nur das durchsetzen, was nicht ihre Mißbilligung erfährt.

Die Lehmschicht ist bestens informiert, wenn es darum geht, innerhalb eines Unternehmens etwas zu verhindern, und mag die Feindschaft zu anderen Abteilungen noch so groß sein, das Verhindern von Neuerungen schweißt das mittlere Management zu einer festen Notgemeinschaft zusammen. Bei uns in Japan heißt dieser Teil des Managements die »Ja-aber-Schicht«. Der deutsche Begriff gefällt mir sehr gut, besonders weil ihn manche mit »ä« aussprechen. Die »Lähmschicht« beschreibt ihre Wirkungsweise ebenfalls sehr treffend.

Ich begegne dieser Lehmschicht immer wieder, und ich gebe zu, daß ich an ihr auch schon gescheitert bin. Es war aber nicht nur mein Scheitern, sondern auch das der Unternehmensführung, die genau wußte, was gespielt wird, aber gute Miene zum bösen Spiel machen mußte. »Sie werden verstehen, daß wir nicht gegen unsere bewährten Mitarbeiter Partei ergreifen können.« Natürlich verstand ich nur zu gut.

2.
Einführung und Übersicht

Wir wollen uns nun mit der Praxis des JIT-Kaizen und seiner Einführung befassen. Dies alles ist kein linearer Prozeß, wie er vielleicht den europäischen Denkgewohnheiten entspricht. Es folgt also nicht ein Schritt nach dem nächsten, so wie man eine Treppe hochsteigt und wo man jederzeit genau weiß, auf welcher Stufe man sich befindet. Die Praxis des JIT-Kaizen ist mehrdimensional, das habe ich bereits ausgeführt. Viele Entwicklungsschritte passieren gleichzeitig oder folgen in einem sehr unregelmäßigen Takt.

Es gibt in der Naturwissenschaft den Begriff der Chaos-Theorie, den ich hier aber nicht vertiefen möchte. Nur soviel: Auch im Chaos besteht eine Ordnung, nur auf einer sehr viel höheren Ebene mit wesentlich mehr Variationsmöglichkeiten. Diese Chancen und diese Vielfalt machen wir uns ebenfalls zunutze. Ideen für Verbesserungsvorschläge kommen eben nicht nach Plan, sondern entstehen im Unbewußten, bis sie so weit geformt und konkretisiert sind, daß man sie anderen Menschen mitteilen kann.

Eine neue Denkweise als Voraussetzung

Um JIT-Kaizen einzuführen, ist es zunächst notwendig, daß überhaupt das Bewußtsein für die Notwendigkeit besteht, daß etwas, wie auch immer, verbessert werden muß. Dann bedarf es der Bereitschaft, zu akzeptieren, daß die japanischen Unternehmen Prinzipien anwenden, die sie erfolgreicher als andere machen, und, das ist sehr wichtig, daß wesentliche Prinzipien unabhängig von der nationalen Mentalität auch in Deutschland anzuwenden sind. Der Beweis kann dadurch erbracht werden, daß andere deutsche Unternehmen, leider immer noch zu wenige, bereits nach diesen Prinzipien verfahren. All diese Einsichten nützen aber nichts, solange nicht der brennende Wunsch besteht, selbst erfolgreich zu sein und dafür nicht nur alles zu versuchen, sondern, was viel schwieriger ist, auch alte Regeln und Verhaltensweisen über Bord zu werfen und durch neue zu ersetzen.

Die Basis für die Erneuerung: die fünf »S«

Die Basis für die Bewußtseinsveränderung und die Erneuerung der Produktionsstätte und des gesamten Unternehmens sind die fünf »S«. Sie bilden die Grundlage für die Einführung des JIT-Kaizen. Der Buchstabe »S« ist der Anfangsbuchstabe der fünf Begriffe

- Seiri (Aufräumen),
- Seiton (Ordnen),
- Seiso (Reinigen),
- Seiketsu (Sauberkeit) und
- Shitsuke (Disziplin).

Diese Begriffe beruhen auf preußischen Tugenden, die Japan noch vor dem Ersten Weltkrieg importiert hat, insofern bin ich immer davon ausgegangen, daß diese Tugenden Ihnen besonders vertraut sind und sich daher auch leicht in die Praxis umsetzen lassen. Ich muß gestehen, ich wurde schon sehr oft enttäuscht. Bestimmte Verhaltensweisen wurden so gründlich verlernt oder anderen Prinzipien geopfert, daß wir einen regelrechten Erziehungsprozeß einleiten mußten.

Das Ziel: Fließfertigung mit der Losgröße = 1

Das Ziel unserer Bemühungen soll es sein, Waren in einem fließenden Ablauf herzustellen. Das bedeutet aber nicht: am Fließband. Der entscheidende Unterschied zur Produktion an verschiedenen Arbeitsstationen ist der, daß jede Form von Verschwendung sofort offengelegt wird. Neben der größeren Flexibilität hinsichtlich der Kundenwünsche, deshalb das Ziel Losgröße = 1, und der zu erwartenden Produktionssteigerungen ist der wesentliche Vorteil die Sichtbarmachung von Verschwendung.

Ausgleich der Arbeitsbelastung als notwendige Ergänzung

Grundsätzlich bedeutet der Ausgleich der Arbeitsbelastung die Balance zwischen der Leistungsfähigkeit und Belastbarkeit eines Mitarbeiters und seiner tatsächlichen Belastung. Dieser Ausgleich kann auf unterschiedliche Weise erfolgen. Die in Japan gern praktizierten Methoden sind Jobrotation und der Einsatz als Mehrzweckarbeiter. Bei der JIT-Produktion erweitert sich der Begriff des Ausgleichs der Arbeitsbelastung auf den gesamten Fertigungsprozeß. Die zu produzierende Menge bestimmt die Zahl der eingesetzten Arbeiter in einem bestimmten Fertigungsbereich. Diese Zahl ist nicht auf Dauer festgelegt, sondern wird entsprechend der Arbeitsbelastung bestimmt.

Dauerhafte Vereinfachungen durch Standardisierung

Standardoperationen stehen für die effektive Kombination von Personal, Material und Maschinen. Bei der Standardisierung von Arbeitsvorgängen geht es nicht um eine Einschränkung der Produktvielfalt oder um eine Monotonisierung der Arbeit. Ziel der Standardisierung ist es, einmal gelerntes Know-how so oft wie möglich einzusetzen und einmal als richtig erkannte Methoden so oft wie möglich zu duplizieren. Weshalb sollen zum Beispiel an drei unterschiedlichen Bohrmaschinen, die im Laufe der Fließfertigung bei verschiedenen Arbeitsschritten bedient werden müssen, die Bedienungselemente nicht gleich sein? Weshalb soll die Entscheidung, ein bestimmtes Teil zu stanzen, statt zu bohren, nicht auch auf andere ähnliche Teile übertragen werden?

3.

Die Angst vor Änderungen erzeugt Widerstände

Es scheint, daß der Mensch überall auf der Welt Änderungen scheut. Besonders stark ist diese Tendenz in den Bereichen ausgeprägt, wo das Denken der Menschen durch tradierte Vorstellungen geprägt wird. Das ist in der Arbeitswelt zum Beispiel der Teil der Produktion, der noch durch besondere handwerkliche Fähigkeiten oder durch bestimmte verfahrenstechnische Kenntnisse, wie beim Stahlwerker, geprägt ist. »Das geht nicht, das gibt es nicht« oder »Das haben wir immer so gemacht« sind die Standardantworten, die ich immer wieder von der hiesigen Meisterebene höre.

Mein wichtigstes Argument ist, daß jede Veränderung im Kopf beginnt. Bevor man etwas macht, muß man bereit sein, es zu denken. Wenn sich dann das Bewußtsein geändert hat, können alle anderen Änderungen in der Produktionsweise, in der Anordnung der Produktionsmittel und in der Planung folgen. JIT-Kaizen ist nur mit Veränderungen durchführbar. JIT-Kaizen ist deshalb in den meisten Unternehmen der Kampf gegen bestehende Einstellungen und Mentalitäten. Es nützt nichts, wenn ich den Vorschlag mache, eine Maschine auf einen anderen Platz zu stellen, solange diese Entscheidung nicht verstanden und mitgetragen wird. Als reine Anordnung von oben funktioniert JIT-Kaizen nicht. Allerdings sind die Topmanager diejenigen, die mit der Bewußtseinsänderung im Unternehmen beginnen müssen. Eine Art Revolution von unten ist nicht möglich. Für das Ersetzen von alten Denkstrukturen durch neue sind einzig und allein die obersten Führungskräfte verantwortlich.

Jetzt möchte ich einen Punkt ansprechen, der besonders in Deutschland sehr heikel zu sein scheint. Eine positive Einstellung gegenüber dem JIT-Kaizen erfordert eine kritische Betrachtung der bestehenden Abläufe, vielleicht sogar eine negative Sichtweise. Kritik am Bestehenden wird, wie immer sie auch vorgebracht wird, nicht gern gesehen. Sei sie auch noch so gut gemeint und noch so gut als »Anregung« oder »Verbesserungsvorschlag« getarnt: Wenn eine Sache kritisiert wird, fühlt sich auch automatisch der Vorgesetzte betroffen und sieht seine Autorität angegriffen. »Wenn es nicht gut und richtig wäre, dann hätten wir das schon lange geändert« ist eine typische Killerphrase, in der als Unterton schon die persönliche Beleidigung mitschwingt.

Jede Form von Kritik wird in Deutschland als Angriff auf die Person, ihre Kompetenz und ihre Integrität verstanden. Vorgesetzte sehen in jeder Kritik gleich die Demontage ihrer Führungsfähigkeiten, die fast immer auch als Allwissen und Allmacht verstanden werden. Nur gereifte und gefestigte Persönlichkeiten können in Deutschland mit Kritik umgehen, erst recht wenn sie von unten kommt. Je weniger ein Vorgesetzter etwas von dem versteht, was seine Mitarbeiter machen, desto weniger wird er für Veränderungen, also Kritik am Bestehenden, aufgeschlossen sein. Erst wenn der Vorgesetzte Kritik und Veränderung als seine persönliche Aufgabe erkennt und auch emotional mitträgt, wird JIT-Kaizen funktionieren. Wir müssen uns darüber im klaren sein, daß dies einen radikalen Rollenwechsel bedeutet. War es vorher die Aufgabe des Vorgesetzten, die Kontinuität der bestehenden Ordnung zu wahren, ist es nun seine neue Aufgabe, ebendiese immer wieder in Frage zu stellen. Nichts bleibt so, wie es ist – für viele eine fürchterliche Idee.

Jeder Topmanager muß deshalb Vorbild sein und Zeichen setzen. Er muß bei der Erneuerung des Bewußtseins die richtige Sensibilität für Krisenstimmungen besitzen und die damit verbundenen und mit Sicherheit auftretenden Schwierigkeiten bewältigen können. Er muß das neue Bewußtsein seinen nachfolgenden Führungskräften und allen Mitarbeitern vermitteln können.

Mit dem Wort Sensibilität verbinde ich nicht nur die Fähigkeit, Reize wahrzunehmen, oder ein gewisses Feingefühl, sondern auch gezielt Energie zu vermitteln, genau an der richtigen Stelle zu verstärken, zu motivieren und mit der gesamten Persönlichkeit zu überzeugen. In der Sensibilität steckt die Kraft, die Veränderungen schafft.

Ich habe schon verschiedentlich erlebt, daß deutsche Manager JIT-Kaizen in ihren Unternehmen einführen wollten, aber dabei scheiterten. Sie haben immer den einen großen und alles entscheidenden Fehler gemacht: Sie wollten alles ändern, nur sich selbst nicht.

JIT-Kaizen ist der Kampf gegen festgefahrene und tradierte Vorstellungen auf allen Ebenen eines Unternehmens. Daher ist die Erneuerung der Produktionsstätten durch die Einführung der JIT-Produktion auch nicht nebenbei zu verwirklichen. JIT-Kaizen läßt sich weder durch Vorträge oder eine bloße Ausbildung verwirklichen, noch reicht eine Problemanalyse und -beratung vor Ort, sondern es muß wirklich angefangen werden, etwas zu verändern. Dafür ist es notwendig, daß jeder im Unternehmen seine Aufgaben und Rollen sorgfältig ausfüllt.

Die Rolle des Vorstands oder des Geschäftsführers

Der Vorstand oder die Geschäftsführung ist verantwortlich dafür, daß die JIT-Kaizen-Gedanken in das gesamte Unternehmen getragen werden. Eine Beschränkung nur auf den Produktionsbereich ist unmöglich. Einkauf, Logistik und Verkauf müssen ihr Denken ebenfalls ändern. In Deutschland wird gern zwischen Produktion und kaufmännischem Bereich unterschieden. Fast immer sind verschiedene Vorstände oder Geschäftsführer zuständig. Geht etwa schief, beginnen beide Bereiche, sich gegenseitig die Schuld zuzuweisen.

Alle Abteilungen eines Unternehmens sind Gliedmaßen desselben Körpers. Es käme niemand auf die Idee zu sagen: »Ich wollte ja kommen, aber meine Beine nicht« oder: »Ich wollte Sie anrufen, aber meine Hand wollte das Telefon nicht anfassen.« Solche Sätze kommen uns albern vor. Wenn aber Manager sagen: »Ich wollte es liefern, aber der Einkauf spielte nicht mit«, klingt es ganz normal und wird akzeptiert. Auch ein Unternehmen muß sich als Organismus verstehen, der als Ganzes einem Ziel dient. Dafür hat die Führung zu sorgen.

Die Rolle eines Werksleiters oder eines Abteilungsleiters

Seine Aufgabe ist es, die Zielsetzungen und die Folgen der JIT-Produktion in der Firma zu überprüfen und eine Konzeption des JIT-Produktionssystems zu erarbeiten. In den meisten Produktionsstätten ist man in einem isolierten Denken verhaftet, das sich an einzelnen Produkten, Abläufen oder Verfahren orientiert. In einer Fabrik für Autositze wird oft so getan, als habe die Abteilung, die den Rahmen schweißt, nichts mit der Abteilung zu tun, die die Bezüge näht, die Polsterung vorbereitet oder alles zusammenmontiert. Das ist natürlich falsch. Die Verantwortlichen allein können die Erneuerung nicht durchführen, aber ihre Ausarbeitung einer JIT-Kaizen-Konzeption hat einen hohen Stellenwert.

Die Rolle der Meister

Die Aufgabe des Meisters besteht darin, die JIT-Produktion zu implementieren, die Aus- und Fortbildung seiner direkt unterstellten Mitarbeiter zu fördern sowie die Bildung von Arbeitsgruppen zu organisieren und zu fördern. Er ist die entscheidende Person, von der letztendlich der gesamte Erfolg abhängt. Durch sein direktes und jederzeit sichtbares Verhalten werden die Mitarbeiter, die direkt im Produktionsprozeß stehen, ermutigt, Kritik aufzunehmen, zu reflektieren und sinnvoll umzusetzen. Ebenso sollen sie selbst aus ihrer täglichen Arbeit heraus konstruktive Kritik üben und sie in Verbesserungen umsetzen.

Dreimal nein und zehnmal dagegen

Die Widerstände gegen Veränderungen entspringen sehr häufig nicht nur tradierten Denkgewohnheiten oder der prinzipiellen Ablehnung von Kritik. Es gibt auch zahlreiche Gründe, die weniger verständlich und nur egoistischer Natur sind. Damit will ich nicht sagen, daß die anderen als gegeben hingenommen werden sollen. Es ist die Aufgabe jedes Vorgesetzten, die Beweggründe seiner Mitarbeiter sehr genau zu erforschen, bevor er vielleicht Porzellan zerschlägt. Mir schallt oft ein dreifaches Nein entgegen, wenn ich einen Betrieb betrete. Wir wollen nichts tun, wir wollen nichts ändern, und wir wollen nicht gekündigt werden.

Für Leute mit dieser Einstellung ist das Unternehmen nie etwas anderes gewesen als die Zahlstelle für die Anwesenheitsprämie im Freizeitpark Deutschland. Sie wollen sich vielleicht etwas Bewegung verschaffen, aber sie wollen nicht arbeiten. Vielleicht ist für diese Leute, das Wort Mitarbeiter möchte ich vermeiden, weil es nicht den Tatsachen entspricht, der Zusammenhang zwischen Arbeit und Lohn völlig verlorengegangen. In wie vielen Unternehmen habe ich gehört:»Wir kriegen keinen Lohn, wir kriegen nur eine Anwesenheitsprämie. Ha, ha, ha. Nein, selbst dafür ist es zuwenig. Es ist nur die Fahrtkostenerstattung.« Und entsprechend wird dann auch gearbeitet. Hier etwas zu verändern ist nicht leicht, aber es geht. Hier sind zehn gängige Argumente gegen die Einführung von JIT-Kaizen:

① Eine derartige Produktionsweise nützt nichts.
② Es kann funktionieren, trifft auf uns aber nicht zu.
③ Theoretisch ist das sicher gut, aber ...
④ Die verlangte Kostensenkung ist in keinem Fall möglich, auch nicht mit JIT-Kaizen.
⑤ Wir sind keine Japaner, deshalb passen auch die Methoden nicht zu uns.
⑥ Ein Japaner versteht unsere Produktionsweise gar nicht.
⑦ Wenn wir die Kosten weiter drücken, können wir keine Qualität mehr garantieren.
⑧ Zur Zeit läuft es doch prima, weshalb sollten wir etwas ändern?
⑨ Wir haben vor zehn Jahren so etwas Ähnliches schon einmal probiert. Es hat nicht funktioniert.
⑩ Außenstehende haben nicht genügend Einblick in die Details. Wir können das am besten intern regeln.

Sie sehen, die Gründe der Ablehnung haben sehr unterschiedliche Qualität. Einmal wird JIT-Kaizen schon im Vorfeld abgelehnt, einmal trifft es nicht auf das Unternehmen zu. Manchmal überschätzt man sich selbst oder empfindet die gegenwärtige Situation als positiv.

Die Installation einer neuen Anlage ist viel einfacher als die Installation einer neuen Denkweise. Es wird also notwendig sein, die grundlegenden Gedanken immer wieder neu und geduldig zu wiederholen. Ein wichtiges Element sind Einzelgespräche, wobei der Gesprächspartner keinem Gruppenzwang unterliegt. Er muß sich vor niemandem profilieren, indem er das verteidigt, was er bisher getan hat. Es macht ihm niemand einen Vorwurf, daß er die Ideen nicht selbst hatte. Gerade bei schwierigen Gesprächen ist die Rolle eines externen Beraters für alle Beteiligten nicht zu unterschätzen. Niemand verliert sein Gesicht, wenn er sich unter vier Augen bekehren läßt. Gerade bei leitenden Mitarbeitern habe ich oft einen erschrekkenden Mangel an Verantwortungsbewußtsein entdeckt. Bei dem gemeinsamen Rundgang habe ich massenweise mangelhafte Waren gefunden, Liefertermine wurden offensichtlich nicht eingehalten, einige Lager waren überfüllt, an anderer Stelle fehlten die zur Fertigstellung eines Produkts benötigten Teile. Stellte ich dann die Frage, wie dieser Zustand verändert werden könnte, zuckte mein Gesprächspartner nur mit den Achseln.

4.

Widerstände beseitigen

Hier nun eine Reihe von Ratschlägen an Vorstände, Geschäftsführer und alle Führungskräfte, denen die Zukunft ihres Unternehmens am Herzen liegt:

① Beleuchten Sie die aktuelle Situation kritisch. Lassen Sie
   keine Ausreden zu.
② Wenn Fehler gefunden werden, drängen Sie auf sofortige
   Beseitigung.
③ Was gut ist, sofort anfangen. Was schlecht ist, sofort ändern.
   Verzichten Sie auf Perfektionismus. Führen Sie Verbesse-
   rungsmaßnahmen sofort durch, auch wenn nur 30 Prozent
   des Problems gelöst werden.
④ Fragen Sie nach den wahren Gründen der Fehler. Fragen Sie
   lieber fünfmal: »Warum?«
⑤ Hinterfragen Sie die herkömmlichen Produktionsmethoden. Suchen Sie neue.
⑥ Machen Sie sich auf die Suche nach Problemlösungen.
   Lassen Sie sich nicht mit einem »Nicht machbar« ab-
   speisen.
⑦ Eine gute Idee kommt nicht von allein. Befassen Sie sich
   mit dem Problem immer wieder.
⑧ Kleine Vorschläge von zehn Leuten sind mehr wert als eine
   Idee eines Genies.
⑨ Geben Sie für die Erneuerungsmaßnahmen nicht viel Geld
   aus.

⑩ Es gibt kein Ende für einen kontinuierlichen Verbesserungsprozeß.

Nun möchte ich noch kurz zeigen, wie man durch Fragen den wahren Fehlergrund entdecken kann:

Frage: »Warum ist die Maschine ausgefallen?«
Antwort: »Weil die Sicherung rausgesprungen ist.«
Frage: »Warum ist sie herausgesprungen?«
Antwort: »Weil die Belastung zu groß war.«
Frage: »Weshalb war die Belastung zu groß?«
Antwort: »Weil ein Kugellager defekt geworden ist.«
Frage: »Weshalb gab es diesen Defekt?«
Antwort: »Weil zuwenig Schmiermittel zugeführt wurde.«
Frage: »Wie kann das passieren?«
Antwort: »Weil die Ölpumpe nicht richtig lief.«
Frage: »Und wieso lief sie nicht richtig?«
Antwort: »Weil der Zylinder verschlissen ist.«
Frage: »Weshalb verschleißen diese Teile?«
Antwort: »Weil kleine Metallspäne in den Zylinder kommen.«
Frage: »Wie kommen da denn Späne rein?«
Antwort: »Weil die Ölpumpe keinen Filter hat.«

Damit ist endlich der wirkliche Grund für den Fehler gefunden worden. Ein Filter für das Schmieröl ist die dauerhafte Lösung. Alles andere auszuwechseln und zu reparieren ist nicht von Dauer und letztendlich die falsche Entscheidung, solange die eigentliche Ursache nicht behoben ist.

5.

Ein Zwischenschritt zur Erinnerung, Sammlung und Ausrichtung

Wenn Sie mit JIT-Kaizen beginnen, konzentrieren Sie sich zunächst auf die bestehenden Operationen und Methoden:

- Identifizieren und vermeiden Sie Verschwendung.
- Achten Sie auf die Organisation der Arbeitsplätze.
- Benutzen Sie die Methoden des visuellen Managements.
- Streben Sie standardisierte Operationen an.
- Richten Sie Ihr Augenmerk auf die Qualitätssicherung.
- Machen Sie das Lösen von Problemen zu Ihrer Aufgabe.
- Vergessen Sie nicht das Ziel Losgröße = 1.

Falls die vorher genannten Schritte nicht gründlich durchgeführt wurden, werden die Verbesserungen an Anlagen und Einrichtungen leicht fehlschlagen. Das bedeutet Verlust von Zeit und Geld. Hat man einmal grundlegende Veränderungen an den Anlagen und Einrichtungen durchgeführt, besteht in der Regel keine zweite Chance zu einer nochmaligen Veränderung. Das bedeutet nicht, daß kontinuierliche Veränderungen und Verbesserungen ausgeschlossen sind. Wenn man aber zum Beispiel die Entscheidung trifft, eine ganze Fertigungsstraße in einem Automobilwerk zu demontieren und einzumotten, dann wird der Vorstand kaum bereit sein, diese Entscheidung nach zwei Monaten rückgängig zu machen, nur weil vorher nicht sorgfältig genug geplant worden ist.

Treffen Sie für den kontinuierlichen Erneuerungsprozeß folgende Entscheidungen:

- Legen Sie den Bereich fest, der als zusammengehörig betrachtet werden soll.
- Wählen Sie die Teammitglieder aus.
- Informieren Sie alle betroffenen Mitarbeiter über den Ablauf.
- Beobachten Sie die gegenwärtige Situation.
- Versuchen Sie, Verbesserungsmöglichkeiten zu erkennen.
- Probieren Sie Verbesserungsmöglichkeiten aus.
- Entscheiden Sie sich für Ideen, die wenig oder nichts kosten.
- Führen Sie die Ideen so schnell wie möglich aus.
- Wenn sich die Idee bewährt, erklären Sie sie zum Standard.
- Erkennen Sie die Leistungen Ihrer Mitarbeiter für alle sichtbar an.
- Suchen Sie nach neuen Gelegenheiten für Verbesserungen.

Die Beobachtungsphase

Die Beobachtung des gesamten Produktionsprozesses ist eine wesentliche Voraussetzung für die nachfolgenden Veränderungen und Verbesserungen. Deshalb beachten Sie bitte die nachfolgenden Hinweise für die Beobachtungsphase:

- Beobachten Sie die verschiedenen Arbeitsplätze.
- Sammeln Sie konkrete Daten.
- Halten Sie die aktuelle Situation auf einem Standardarbeitsblatt und einem Arbeitsverteilungsblatt fest.
- Analysieren Sie die Durchlaufzeiten unter Berücksichtigung wertschöpfender und nicht wertschöpfender Tätigkeiten.
- Beachten Sie die Operationsfolgen und -methoden.
- Sehen Sie auf die Anlieferungsart und -folge des Materials.

- Wie sind die Bestände der verschiedenen Teile, welche Informationen sind in den Teilenummern enthalten?
- Wie groß ist die Anzahl der Teile, die sich zwischen den einzelnen Arbeitsschritten befinden?
- Achten Sie auf die Materialbewegungen.
- Wenn die Werkstücke zum Transport oder zur Lagerung Behältnisse benötigen, achten Sie auf deren Beschaffenheit.
- Wie ist die Anordnung der verschiedenen Fertigungsschritte (Layout)?
- Es werden sicher Planungen für die Zukunft bestehen. Wie lassen sich diese mit Ihren Beobachtungen vereinbaren?
- Existieren bei den Planungen verschiedene Modelle und Optionen?
- Informieren Sie sich über die Art und Häufigkeit von Maschinenausfällen.
- Wissen Sie, welche Ausrüstungen und Werkzeuge an welchen Stellen benötigt werden?
- Erfassen Sie die verschiedenen Zeiten (Taktzeit, Zykluszeit und Maschinenzykluszeit).
- Welche Praktiken, Vorgaben oder Richtlinien bestehen im Hinblick auf die Qualitätssicherung?
- Listen Sie alle potentiellen Probleme auf, aber versuchen Sie nicht, sie bereits zu diesem Zeitpunkt zu lösen.
- Beziehen Sie die betreffenden Mitarbeiter in den Verbesserungsprozeß ein, indem Sie zuschauen, zuhören und fragen.

Das Verbesserungsarbeitsblatt

Das Verbesserungsarbeitsblatt dient dazu, alle notwendigen Verbesserungen aufzulisten, Verantwortliche festzulegen und einen Zeitplan abzustecken.

Das Verbesserungsblatt soll für alle deutlich sichtbar im jeweils betroffenen Bereich ausgehängt werden. Gemeinsam mit allen

beteiligten Führungskräften und Mitarbeitern sollte so vorge-
gangen werden:

- Genaue Spezifizierung der Verbesserungspunkte.
- Definition der erforderlichen Maßnahmen.
- Bestimmung des für die Umsetzung Verantwortlichen.
- Bestimmung, bis wann die Änderung durchgeführt sein soll.
- Die vereinbarten Termine werden regelmäßig verfolgt.
- Jeder Fortschritt wird beobachtet und dokumentiert.

Um Fortschritte erkennbar zu machen, könnten auf dem Verbesserungsarbeitsblatt folgende Rubriken vorhanden sein:

1. Rubrik: Problem erkannt.
2. Rubrik: Die erforderlichen Maßnahmen, die Verantwortlichen und der Endtermin.
3. Rubrik: Umsetzung der Verbesserung und Test.
4. Rubrik: Sind alle mit dem Ergebnis zufrieden?
   Das Problem wird als erledigt abgehakt.

Ein Beispiel für ein Verbesserungsarbeitsblatt finden Sie im
Chart 5.

Nr.	Verbesserungs- punkt	Erforderliche Maßnahmen	Verantwort- lich	Vereinbartes Realisierungs- datum	Fort- schritt
1	Das Material ist zu weit entfernt.	Maschine X2 und Maschi- ne Y3 wer- den zusam- mengerückt. Das Material sollte dazwi- schen liegen.	Wachsmuth	7. 2. 1995	◴
2	Es sind zu viele Modelle X3 im Zwi- schenlager.	Zurück ins Lager	Preuschoff	14. 3. 1995	◓
3	Engpaß in der Montagehalle	Anpassen an die Ferti- gungsreihe	Mayer	14. 3. 1995	●
					⊕
					⊕
					⊕
					⊕

Chart 5: Das Verbesserungsarbeitsblatt

6.

Die fünf »S« als Basis der Erneuerung

Was die fünf »S« bedeuten, habe ich bereits beschrieben. Für mich ist es eine immer wiederkehrende Erfahrung, daß Unternehmen, deren Produktionshallen ölverschmierte Böden und Maschinen haben und in denen die Mitarbeiter gleichgültig schmutzige Arbeitskittel tragen, regelmäßig mehr Ausschuß herstellen als vergleichbare Unternehmen, in denen Sauberkeit einen höheren Stellenwert hat.

Meist zieht sich die Schlampigkeit durch das ganze Unternehmen. Nicht eingehaltene Lieferfristen, geringere Produktivität und schlechte Arbeitsmoral sind die weiteren Merkmale solcher Unternehmen. Es existiert dort überhaupt kein Bewußtsein für das Ordnen, das Aufräumen und das Reinigen. Mangelnde Disziplin ist nur ein Teilaspekt des Problems.

Wenn ich gebeten werde, in einem oben beschriebenen Unternehmen tätig zu werden, bekomme ich oft die Ratlosigkeit der Unternehmensleitung zu spüren, wie die fünf »S« überhaupt eingeführt und durchgesetzt werden können. Das ist eigentlich nur durch visuelles Management möglich, was ich in seiner ganzen Vielfalt und Breite in einem der nachfolgenden Kapitel noch genau beschreiben werde.

In diesem Fall bedeutet visuelles Management, daß das Ordnen und Aufräumen sichtbar gemacht werden muß. Es ist wichtig, daß jeder im Unternehmen sofort weiß, wo und wieviel von welchen Produkten, Teilen oder Werkstoffen liegt. Deshalb sind ein Ordnen nach der Kanban-Methode und eine Rote-Zettel-Aktion die ersten Schritte.

Ich lege so großen Wert auf die fünf »S«, weil sie die Grundlage aller weiteren Veränderungen sind. Allein durch die fünf »S« kann die Verschwendung schon reduziert werden. So einfach die Durchführung der fünf »S« auch klingen mag, in der Praxis läuft dieser Prozeß keineswegs immer reibungslos und erfolgreich ab. Rückschläge sind ein Zeichen dafür, daß nicht konsequent nach vorn gedacht und gehandelt wird. Die Energie der Erneuerung nimmt ab, und man kehrt zum alten Trott zurück. Also sind die fünf »S« nicht nur Grundlage der Veränderung, sondern auch Indikator ihrer Kontinuität.

Das erste »S« Seiri

Seiri bedeutet soviel wie Organisation oder auch Aufräumen. Es wird in Deutschland erstaunlich oft mißverstanden. In den meisten Unternehmen begannen die Mitarbeiter zunächst, verstreut liegende Teile auf einem Haufen zusammenzutragen, Werkstücke in eine gerade Reihe zu stellen und darauf zu achten, daß gestapelte Waren ordentlich übereinanderlagen. Es sollte alles ordentlich aussehen. Die Betonung liegt auf »aussehen«. Darum geht es mir aber gar nicht.

Ich möchte, daß zwischen dem Notwendigen und dem Überflüssigen unterschieden und getrennt wird. Das Überflüssige wird dann konsequent beseitigt. Das ist eine sehr schwierige Übung. Jeder, der vor einem größeren Umzug eine Aufräumaktion gestartet hat, wird mir zustimmen. In den meisten Fällen erhalten überflüssige Dinge einen Bonus und dürfen bleiben – vielleicht braucht man sie ja doch noch. Hier empfehle ich wieder eine »Rote-Zettel-Aktion«. Für alle, denen es besonders schwer fällt, sich zu entscheiden, folgt jetzt eine kleine Checkliste:

Unnötig am Arbeitsplatz sind:

defekte Produkte,
nutzlose Dinge, wie überschüssige Materialien,
Gegenstände, die im Augenblick nicht benötigt werden oder
doppelt vorhanden sind.

Seiri empfiehlt sechs Kategorien, die in einem Produktionsbe-
trieb bevorzugt zu ordnen sind:

① Bestände.
② Werkzeuge.
③ Formen.
④ Behälter, Container, Paletten.
⑤ Transportbänder, Transportfahrzeuge und -geräte, Gabelstapler.
⑥ Flächen.

Natürlich können Sie in Ihrem Betrieb nach ihren speziellen
Bedürfnissen beliebige weitere Kategorien bilden. Diese dürfen aber nicht so detailliert sein, daß nichts mehr zum Wegwerfen übrigbleibt. Beginnen Sie mit den Bereichen, bei
denen Sie den größten Mangel empfinden, zum Beispiel
Flächen, oder den größten Überhang haben, zum Beispiel
Paletten.

Das zweite »S« Seiton

Seiton steht für Ordnen bzw. Einordnen. Auch hier ist nicht die
Bildung einer geraden Reihe auf dem Kasernenhof gemeint.
Seiri und Seiton bilden in Japan ein Begriffspaar und gehören
eng zusammen. Ordnen ist in gewisser Weise eine Steigerung
von Aufräumen. Es bedeutet eine Standardisierung, eine deut-

lich sichtbare Anordnung des Notwendigen unter dem Aspekt der Griffbereitschaft.

Jeder Gegenstand und jedes Werkzeug erhält seinen Platz. Dort sollen sie so lange sein, bis sie gebraucht werden. Und nach dem Gebrauch sollen sie genau dorthin zurückkehren. Dieser Vorgang wird für alle leichter verständlich, wenn ein Schild aufgehängt wird, das diesen Vorgang visualisiert. In manchen japanischen Unternehmen war es sinnvoll, das benötigte Werkzeug auf Klemmbrettern unterzubringen. Also zeichnete man auf die Bretter die Umrisse der Werkzeuge.

Jeder wußte sofort, wo was hingehört. Auch der Parkplatz zum Beispiel eines Transportwagens war genau markiert. Jeder wußte, wenn er nicht dort steht, ist er in Gebrauch. Man mußte also nicht erst die ganze Halle absuchen, um herauszufinden, ob er benutzt wird oder nur irgendwo versteckt herumsteht.

Die Ordnung soll einem Zweck dienen und nicht Selbstzweck sein. Ordnen als Selbstzweck ist überflüssige Bewegung und damit Verschwendung.

Das dritte »S« Seiso

Ich bin jedesmal erstaunt, wie groß die Heiterkeit unter meinen Zuhörern ist, wenn ich sie frage, wann sie das letztemal gebadet haben. Entweder liegt es daran, daß sie überrascht sind, diese Frage gestellt zu bekommen, oder daran, daß körperliche Reinlichkeit eine völlige Selbstverständlichkeit ist. Die Antworten zeigen mir, daß wirklich jedermann ein großes Bewußtsein für körperliche Reinlichkeit hat.

Aber dann kommt meine zweite Frage: »Wann hat denn die Fabrik das letztemal gebadet?« Wieder Heiterkeit, dann eine gewisse Ernüchterung: »Na, ungefähr vor 15 Jahren, als wir in die neue Halle gezogen sind.« Eine regelmäßige Reinigung des Unternehmens wird also nicht für notwendig gehalten. Weshalb eigentlich nicht? Weshalb gelten für ein Büro oder eine Werkshalle nicht die gleichen Regeln?

Mein Vorschlag lautet, daß alle gemeinsam an einem bestimmten Tag eine Grundreinigung vornehmen sollten. Anschließend ist jeder für die Sauberkeit seines Arbeitsplatzes verantwortlich. Wenn eine Maschine geputzt wird, erfolgt gleichzeitig eine Überprüfung. Man entdeckt vielleicht eine defekte Dichtung, aus der Öl austritt, einen brüchigen Keilriemen oder eine alte Batterie, die ausläuft.

Die regelmäßige Reinigung des Arbeitsplatzes führt auch zu einer grundsätzlich anderen Einstellung zur Arbeit und schafft eine engere Verbindung. Immerhin verbringen die meisten Menschen mehr Zeit an ihrem Arbeitsplatz als in ihrem Wohnzimmer. In vielen Unternehmen hat man mir entgegengehalten: »Sauberzumachen brauchen wir nicht mehr, dafür haben wir eine Putzkolonne.« Das Reinigen wurde als eine niedere Arbeit gesehen, mit der man nur Zeit verschwendet. Sicher sind spezielle Putzdienste für Allgemeinflächen wie Flure, Treppenhäuser, Kantinen und Waschräume richtig eingesetzt. Wenn aber nicht ich, sondern eine Putzfrau meinen Schreibtisch saubermachen würde, wäre das für mich ein Zeichen, daß in meinem Verhältnis zur Arbeit vielleicht etwas nicht stimmt.

Das vierte »S« Seiketsu

Seiketsu, die Sauberkeit, drückt das Ergebnis von Seiri, Seiton und Seiso aus. Es ist das Bestreben, den sauberen Zustand zu erhalten und gar nicht erst neuen Schmutz entstehen zu lassen. Es ist also die Vermeidung von unnötigen Dingen, von Unordnung und von Schmutz.

Das fünfte »S« Shitsuke

In jeder Fabrik gibt es Bestimmungen, Regeln und Vereinbarungen, die zur Erhöhung der Sicherheit, der Sauberkeit und der Motivation gedacht sind. Dazu gehört das Tragen von Schutzhelmen, Gehörschutz, Schutzbrillen, Handschuhen und enganliegender Kleidung bei bestimmten Maschinen ebenso wie Namensschilder oder Pausenregelungen. In einer Firma, in der all die vorhandenen Regeln eingehalten werden, bestehen gute Chancen, daß sich auch die ersten vier »S« erfolgreich durchsetzen und zu höherer Produktivität und Qualität führen werden.

Shitsuke hat im Japanischen mehrfache Bedeutungen, die sich überlagern und in ihrem Sinn ergänzen. Da dies aber kein Sprachkurs ist, möchte ich es so erklären: Shitsuke bedeutet Disziplin, etwas richtig machen, die Schönheit des Ganzen. Insofern ist es die Zusammenfassung und das Ergebnis der vier »S«. Shitsuke fordert aber auch, daß die vier »S« zur Gewohnheit, zur dauerhaften Übung werden, weil man sich dazu verpflichtet hat und verpflichtet fühlt. Es ist also die Formalisierung und die ständige Anwendung der vorher genannten Punkte.

Mir hat einmal ein deutscher Gesprächspartner erzählt, daß er bei der Besichtigung des neuen Ersatzteillagers der Firma Honda in Offenbach beobachtet hat, daß einer der Gesprächspartner bis zum Beginn der Besprechung einen Besen zur Hand nahm und den Flur vor dem Sitzungszimmer kehrte. Der Mann trug einen Overall wie alle Arbeiter im Lager. Bei der Vorstellung kam dann heraus, daß er innerhalb des Konzerns eine sehr hohe Stellung innehatte und deutlich über dem Geschäftsführer von Honda Deutschland angesiedelt war. Ein deutscher Manager in dieser Position hätte den Besen sicher nicht angefaßt.

Für mich ist das ein Beispiel für konsequentes Auftreten von Führungspersonal. Der Vorgesetzte zeigt Disziplin und ist ein

Vorbild für alle anderen. Niemand würde sich trauen, nicht in gleicher Weise für Ordnung und Sauberkeit zu sorgen, und jeder wüßte, daß er sich nicht unter sein Niveau begibt, wenn er einen Besen zur Hand nimmt. Der Logistikmanager wird kaum in die Verlegenheit kommen, seinen Mitarbeitern einen Vortrag über Sauberkeit im Lager halten zu müssen.

Ein deutscher Manager ist nach dem alten System in einer anderen Situation. Er müßte seinen Mitarbeitern sagen, was er erwartet, übersieht er dann aber geflissentlich herumliegende Zigarettenstummel, zeigt er selbst keine Disziplin und darf sich über die Disziplinlosigkeit seiner Mitarbeiter nicht wundern. Disziplin beruht auf der Erfüllung gegenseitiger Erwartungen. Der Beitrag der Vorgesetzten ist Beständigkeit, die Sie bitte nicht mit Sturheit verwechseln sollten.

Die Rote-Zettel-Aktion

Die fünf »S« müssen als Basis des Erneuerungsprozesses sichtbar gemacht werden. Denn wenn an einem Arbeitsplatz alles visuell geregelt werden soll, dann müssen auch die Organisation und Ordnung entsprechend dargestellt werden. Dafür nutzen wir die Rote-Zettel-Aktion.

Der rote Zettel ist nur ein rotes Blatt Papier, auf dem Rubriken für bestimmte Angaben vorgesehen sind. Ich habe Ihnen ein Blatt mit den Standardangaben als Anlage (Chart 6) beigefügt. Sie können es übernehmen, es ist Ihnen aber überlassen, das Blatt entsprechend Ihren speziellen Belangen zu modifizieren. Es sollte aber lieber weniger als mehr daraufstehen. Manchmal genügt auch einfach ein rotes Stück Klebeband, um überflüssige Teile für alle deutlich sichtbar zu markieren.

Der erste Schritt ist die Trennung der notwendigen Dinge von den überflüssigen. Nicht alle Teile, Werkzeuge, Formen oder was sich auch immer in der Nähe eines Produktionsarbeitsplat-

Spezifikation	1. Rohmaterialien 2. Teile 3. Halbfertigprodukte 4. Fertigprodukte	5. Maschinen/Anlagen 6. Presseformen 7. Werkzeuge/Inventar 8. Sonstiges
Artikel		
Artikel- nummer		
Menge	Stück x DM =	
Grund	1. unnötig 2. defekt 3. z. Zt. kein Bedarf	4. Reststücke 5. gehören nicht hierhin 6. Sonstige
Abteilung		
Entscheidung	1. Vernichtung 2. Rückgabe 3. Rote-Zettel-Sonderplatz 4. Sonderverwahrung 5. Sonstige	erledigt?
Datum	vermerkt am	erledigt am
Roter Zettel Nr.		

Chart 6: Roter Zettel

zes befindet, sind für die derzeit laufenden Arbeiten notwendig. Die zur Zeit nicht notwendigen Dinge kennzeichnen wir mit einem roten Zettel.

Der zweite Schritt sieht den Abtransport der mit einem roten Zettel markierten Gegenstände zu einem dafür definierten Lagerplatz vor. Dadurch verbleiben am jeweiligen Arbeitsplatz nur die Teile, die gebraucht werden.

Im dritten Schritt werden die am Lagerplatz gesammelten Stücke durchgesehen und das, was wirklich unnötig ist, aussortiert und weggeworfen.

Wahrscheinlich wird jetzt freier Platz in Regalen und auf anderen Abstellflächen entstanden sein. Das ist eine günstige Gelegenheit, sofort darüber nachzudenken, ob nicht die Anordnung der Maschinen zueinander oder der Materialfluß optimaler zu arrangieren ist. Dies ist der vierte Schritt, der schon auf eine intensive Erneuerung zielt.

Wenn Sie freien Lagerplatz geschaffen haben, suchen Sie für alle Werkstoffe, Teile oder Werkzeuge den Ort, der für die Produktion am effektivsten ist. Bringen Sie ein Schild an, auf dem steht, wo, was und wieviel davon gelagert ist. Ich nenne diesen Schritt die »Kanban-Aushänge-Methode«.

Die Rote-Zettel-Aktion in allen Einzelheiten

Ein roter Zettel sollte an jedem Arbeitsplatz jederzeit zur Hand sein, damit alles, was dem Mitarbeiter auffällt, sofort gekennzeichnet werden kann. Darüber hinaus sollte ein- oder zweimal pro Jahr im gesamten Unternehmen eine solche Aktion konzertiert durchgeführt werden. Die Verantwortung dafür trägt das oberste Management.

Eine Rote-Zettel-Aktion kann sich auch auf bestimmte Bereiche oder Objekte beschränken, die vorher genau definiert werden. Zum Beispiel:

Lager:
Rohstoffe, Teile, Halbfertigfabrikate, Fertigprodukte.

Anlagen, Geräte, Einrichtungen:
Maschinen, Werkzeuge, Metallformen, Container, Paletten, Transportfahrzeuge, Tische, Stühle.

Flächen:
Böden, Regale, Zimmer.

Verwaltungsbereich:
Im Verwaltungsbereich werden Akten, Belege, Formulare, Tische, Stühle, Schränke, Schreibgeräte und Büromaschinen zu Objekten der Rote-Zettel-Aktion.

In Japan hat ein besonders witziger Mitarbeiter auch einen roten Zettel an den Stuhl seines Chef geklebt. Der fand das aber gar nicht lustig, und es gab erheblichen Ärger. Zur Beseitigung überflüssiger Vorgesetzter würde ich subtilere Methoden empfehlen. Auch wenn Ihnen der eine oder andere Kollege überflüssig erscheint, heften Sie ihm keinen roten Zettel an die Jacke, denn bedenken Sie, der Mensch steht im Zentrum jedes Unternehmens und ist sein größtes Kapital.
Ich hatte ja schon unter den fünf »S« ausgeführt, daß das schwierigste an Seiri die Entscheidung ist zwischen notwendig und überflüssig. Hauptargument ist stets, daß man es schon beim nächsten Auftrag wieder gebrauchen würde. Mein Vorschlag lautet, daß alle Dinge, die aufgrund der Produktionsplanung vorhersehbar innerhalb des nächsten Monats benötigt werden, als notwendige Dinge einzustufen sind. Sieht der Produktionsplan nur kürzere Intervalle vor, dann sollten Sie sich daran orientieren.
Nun werfen Sie noch einen Blick zurück. Alles, was im vergangenen Monat nicht benutzt wurde, erhält ebenfalls einen roten

Zettel. Weil diese Entscheidungen für den Inhaber eines Arbeitsplatzes stets sehr schwierig ist, sollte ihn jemand aus einem anderen Unternehmensbereich unterstützen oder, soweit die fachliche Kompetenz vorhanden ist, ihm die Sortierarbeit ganz abnehmen. Es kommt wie bei allen Aktionen des Erneuerungsprozesses darauf an, daß sie schnell durchgeführt werden. Vorgaben wie »Wir bitten Sie, innerhalb der nächsten vier Wochen…« sind wirkungslos. Je schneller etwas durchgeführt wird, desto weniger wird es verwässert.

Jede Rote-Zettel-Aktion richtet sich nicht nur auf die Gegenwart, sondern auch auf die Zukunft. Es ist sehr genau zu prüfen, was mit roten Zetteln versehen worden ist, um diese Erkenntnisse bei zukünftigen Beschaffungen zu berücksichtigen.

Stellt man fest, daß ganze Anlagen überflüssig sind, deren Abtransport hohe Kosten verursacht und den Betriebsablauf erheblich beeinträchtigt, sollte man sie zunächst nur stillegen. Der Lagerbestand sollte nicht nur zahlenmäßig definiert werden, sondern auch durch optische Markierungen für jeden sichtbar sein. Die obere Füllgrenze erhält zum Beispiel einen roten Strich, die Mindestmenge einen grünen. Dies ist schon ein Teil der Kanban-Methode.

Null-Bock-Stimmung und »vergammelte Balkanmentalität«

Ich hatte vor nicht langer Zeit Gelegenheit, einen Unternehmer in Pforzheim zu besuchen, dessen Fertigung ich bereits vor zwanzig Jahren einmal besichtigen durfte. Ich hatte alles noch in bester Erinnerung. Was mich besonders beeindruckt hatte, waren die Sauberkeit und Ordnung in den Werkshallen. Als ich jetzt zum zweiten Mal kam, traute ich zunächst meinen Augen nicht.

Ich erkannte alles wieder, denn alles war so geblieben wie vor zwanzig Jahren. Offensichtlich ist nicht ein Pfennig investiert worden. Was mich aber entsetzte, waren der Schmutz und der verkommene Eindruck. Zigarettenkippen und Papierfetzen lagen überall auf dem Gelände. Die Mitarbeiter nahmen sich gegenüber Besuchern Grobheiten heraus und zeigten deutlich ihre Arbeitsunlust. Dann fand ich doch eine Neuerung in dem Unternehmen: Es waren Getränkeautomaten mit Dosenbier aufgestellt worden.

Als ich meine sehr gemischten Gefühle dem Unternehmer mitteilte, erhielt ich als Antwort, daß die Betriebsräte und die ausländischen Arbeitnehmer an allem schuld seien. Sie hätten die Null-Bock-Stimmung und die vergammelte Balkanmentalität den deutschen Mitarbeitern erst beigebracht. Ich mochte ihm nicht glauben. Er selbst war es, der seine preußischen Tugenden vergessen hatte.

Anscheinend hat der Wohlstand den Meister Deutschland träge und bequem gemacht. Es wäre gut, wenn mehr deutsche Unternehmer statt sich zu bemitleiden und die Schuld für alles bei den Mitarbeitern zu suchen, sich endlich den notwendigen Veränderungen stellen würden. Mit den fünf »S« zu beginnen wäre auch für das Pforzheimer Unternehmen sicher sehr hilfreich.

Ich kenne genug Beispiele dafür, daß sich gerade in multikulturellen Unternehmen die japanisch-preußischen Methoden besonders gut bewährt haben. Jeder weiß, was von ihm erwartet wird, alles hat seinen Platz, und jedem wird es so leicht wie möglich gemacht, sich zu orientieren. Besonders das visuelle Management, das ich Ihnen noch ausführlich vorstellen werde, bietet zur Überbrückung von Sprachproblemen große Hilfen.

Die Arbeitsplatzorganisation mit den fünf »S«

Daß Sauberkeit und Ordnung die Voraussetzung für Qualität sind, habe ich schon oft genug betont. Beides fördert aber auch die Sicherheit am Arbeitsplatz und vermeidet unnötige Ausfälle.

Wir haben jetzt alle unnötigen Gegenstände von unserem Arbeitplatz entfernt. Jetzt sollten wir das Werkzeug in der Reihenfolge ordnen, in der wir es benutzen. Wenn eine solche Ordnung einem Chirurgen oder Zahnarzt hilft, weshalb sollte sie dann nicht auch einem Automechaniker oder einem Rundfunktechniker helfen? Wir vermeiden einfach unnötige Handgriffe und machen uns gleichzeitig mit der Ordnung der Werkzeuge Gedanken über den Arbeitsablauf. Für jedes Werkzeug bestimmen wir einen festen Platz. Größere Geräte erhalten eine Markierung auf dem Boden. Entstehen bei der Produktion Abfälle, sollen diese gleich am Arbeitsplatz in die richtigen Behälter geworfen werden können.

Es ist sicher nützlich, für den Arbeitsplatz einen gut überlegten Reinigungsplan festzulegen, in dem die Teile und die Zeitintervalle definiert sind.

Was die Fünf-»S«-Methode bewirkt

Nur sehr wenige Unternehmen waren sich von vornherein darüber im klaren, was die Fünf-»S«-Methode bei ihnen bewirken würde. Die Folge war, daß nicht alles befolgt und manches nur halbherzig umgesetzt wurde. Aus dieser Erfahrung heraus lege ich großen Wert darauf, daß die weitreichende Bedeutung jedes einzelnen Schritts bereits im Vorwege richtig erkannt wird. Zum besseren Verständnis habe ich deshalb die sich einstellenden Erfolge einer gründlichen Einführung der fünf »S« aufgelistet und noch einmal beschrieben.

Effekt Nr. 1: Null-Verschwendung, Kostensenkung, Effizienzsteigerung

- Die Verschwendung, die durch Lager und Materialpuffer entsteht, wird abgeschafft.
- Die Verschwendung, die durch Transportmittel wie Gabelstapler, Kräne und Paletten entsteht, wird abgeschafft.
- Die Verschwendung durch überflüssigen Raum oder überflüssige Anlagen wird abgeschafft.
- Die unnötige und verschwenderische Bewegung wie »Suchen« und »Umwege machen« wird abgeschafft.
- Bewegungen, die keine Wertschöpfung erzeugen, wie zum Beispiel Transportieren, Legen, Zählen, Aufnehmen, Ablegen, Auspacken und Einpacken, werden abgeschafft.

Effekt Nr. 2: Null-Verletzung, Steigerung der Sicherheit

- An einer gut gesäuberten Maschinenanlage fallen Defekte und kritische Stellen sofort auf.
- Der Ort, an dem Material gelagert wird, ist eindeutig markiert, so daß der Raum für den Durchgang und die Pausenzonen für alle deutlich erkennbar ist.
- Sicher befestigte Waren beugen einem Verrutschen der Last vor.

Effekt Nr. 3: Null-Defekt, Steigerung der Betriebssicherheit

- Abfälle, Staub und Schmutz sind der Feind von Maschinen und verkürzen deren Lebensdauer.
- Das Entfernen von Metallspänen und Ölschmiere sowie die

gründliche Reinigung der Maschine offenbaren den Zustand der Anlagen.

- Tägliche Pflege und Prüfung der Maschinen beugt möglichen Störungen vor.

Effekt Nr. 4: Null-Ausschuß, Qualitätssteigerung

- In einer schmutzigen Fabrik fällt Ausschuß kaum auf.
- Durch den Griff nach Werkzeugen, die immer an derselben Stelle liegen, die auch jedem bekannt ist, entsteht fast kein Ausschuß.
- Ein sauberer Arbeitsplatz erhöht bei allen Mitarbeitern das Bewußtsein für die fehlerfreie Produktion.
- Die richtige Aufbewahrung der Meßgeräte ist eine Voraussetzung für Null-Ausschuß.

Effekt Nr. 5: Null-Suche

- Das richtige Einordnen der Werkzeuge eliminiert die Verschwendung durch Suchen.
- Durch die gründliche Umsetzung der fünf »S« wird ein Arbeitsplatz geschaffen, der auch für Auszubildende sofort zu verstehen ist.
- Die Fehler beim Gebrauch der Werkzeuge werden geringer.

Effekt Nr. 6: Null-Verspätung, termintreue Lieferung

- Weil der Anteil an Ausschuß sinkt, können Liefertermine besser eingehalten werden.
- Das Arbeitsumfeld wird verbessert, und das Arbeitstempo ist annehmbar.

- In einem Unternehmen, in dem die fünf »S« umgesetzt wurden, sind die Fehlzeiten der Mitarbeiter geringer.

**Effekt Nr. 7: Null-Reklamationen,
Steigerung des Vertrauens**

- Eine saubere Fabrik produziert nur geringen Ausschuß.
- Die Produkte einer sauberen Fabrik sind preiswert.
- Die Produkte einer sauberen Fabrik werden stets pünktlich geliefert.

7.

Fließfertigung mit Losgröße = 1

Den Unterschied zwischen einer fließenden Fertigung und einer Losfertigung mit Zwischenlagern hatte ich bereits beschrieben, auch daß der wesentliche Vorteil in der Offenlegung der Verschwendung besteht. Stärkere Kundenorientierung und Produktivitätssteigerungen sind nur im Zusammenhang mit der Vermeidung von Verschwendung als besondere Vorteile zu sehen. Die Verwirklichung der Fließfertigung ist einfach. Es müssen nur die folgenden sieben Bedingungen erfüllt werden:

1. Die lineare Anordnung

Die Maschinen müssen genau dem Arbeitsablauf entsprechend angeordnet werden. Damit widerspreche ich der Ansicht, daß es wirtschaftlicher ist, gleichartige Maschinen oder gleichartige Tätigkeiten in Gruppen, Werkstätten oder Abteilungen zusammenzufassen. Das Argument, das für diese Zusammenfassung immer wieder angeführt wird, ist, daß bei dem Ausfall einer Maschine eine andere eingesetzt werden kann. Damit wird nur die Verschwendung durch Maschinenstandzeiten getarnt.
Ein anderes Argument ist, daß spezialisierte Arbeiter ihre Aufgaben schneller erledigen können. Durch Standardisierung und den Einsatz von Mehrzweckarbeitern läßt sich auch dieses Argument entkräften. Der Hauptfehler einer solchen Organisation ist aber, daß manche Werkstücke, je nach Bearbeitungs-

stand, mehrfach zu diesen Maschinen hin- und wieder weg-
transportiert werden müssen. Diese Transportleistungen sind
für mich die allergrößte Verschwendung. Bei der linearen Anordnung wird jedes Teil sofort weitergereicht. Es macht keine
unnötigen Wege, und es braucht keine unnötigen Wartezeiten.

2. Der Einsatz kleiner und schnell umrüstbarer Maschinen, die auf die Arbeitsabläufe spezialisiert sind

Bei der Ausstattung des Maschinenparks sollte man grundsätzlich kleine, einfache und preiswerte Maschinen anschaffen,
die für die Herstellung kleiner Losgrößen geeignet und so standardisiert sind, daß sie schnell umgerüstet werden können oder
ihr Einsatzzweck neu definiert werden kann.
Die Auslegung der Maschinen soll sich nicht an einer Maximie-
rung der Leistung orientieren, sondern am Bedarf der logisti-
schen Kette, in die sie integriert werden. Da manche Maschinen mehrfach beschafft werden müssen, werden die Investitionen in der Summe zunächst höher sein. Das wird aber dadurch
ausgeglichen werden, daß die Nutzungszeiten zunehmen.
In diesem Zusammenhang habe ich schon häufiger gehört, daß
der japanische Maschinenbau nicht kundenfreundlich sei. Es
würden immer nur Standardmaschinen angeboten, und man
trage den spezialisierten Anforderungen der Kunden keine
Rechnung. Von deutschen Herstellern dagegen erhalte jeder
Kunde genau die Maschine, die er für seine spezielle Aufgabe
braucht. Der Kunde, der eine hochspezialisierte Maschine
kauft, wird diese kaum noch für andere Zwecke verwenden
können, deshalb muß sie mindestens so lange laufen, bis sie
sich amortisiert hat, unabhängig ob das hergestellte Produkt
noch gefragt ist oder nicht.
Der japanische Maschinenbau ist durchaus kundenorientiert,

nur haben sich die Kundenwünsche durch die Fließfertigung im japanischen Markt und auch in großen Teilen des Weltmarktes schon gewandelt, was die deutsche Maschinenbauindustrie auch schmerzhaft zu spüren bekam.

3. Die Fließfertigung Losgröße = 1

Bei der Produktion einer Ware stellt man ein Teil idealerweise von Anfang bis Ende vollständig her, ohne daß es ein Zwischenlager gibt und ohne daß erst eine bestimmte Losgröße das Anlaufen des Produktionsprozesses rechtfertigt. Am Anfang des Buches hatte ich das Beispiel einer Fließbandfertigung angeführt. Damit ein Teil produziert werden konnte, mußte das gesamte Band beschickt werden.

4. Die Taktzeit wird durch den Kunden oder den nachfolgenden Arbeitsgang bestimmt

Der gesamte Produktionsprozeß wird durch den Kundenbedarf gesteuert. Statt einer Push-Strategie wird also eine Pull-Strategie verfolgt. Nach dem Pull- oder Hol-Prinzip ist kein Arbeitsschritt berechtigt, der zusätzlich zur Kundenanforderung erfolgt. Die Fließfertigung fördert also eine enge Verbindung zwischen Lieferant und Kunde.

5. Ein Arbeiter muß mehrere verschiedene Arbeitsgänge beherrschen

Ich weiß, daß in Deutschland die Ausbildungs- und Handwerksordnungen dieser Forderung oftmals entgegenstehen. Aber diese Regelungen dienen eigentlich, wie auch das Laden-

schlußgesetz, nur dem Konkurrenzausschluß. Sich auf über-
kommende Traditionen zu berufen kann im Hinblick auf die
internationale Konkurrenz, die sich überhaupt nicht darum
schert, kein Wegweiser für die Zukunft sein. Warum soll ein
Metallbauer nicht auch ein Stück aus Leder mitbearbeiten
oder für die Lackierung sorgen?

6. Einführung des Mehrzweckarbeiters

Sie werden in Zukunft immer stärker gebraucht werden. Zur
Zeit höre ich in Deutschland mehr Argumente dagegen als
dafür. Die Arbeitgeber verweisen auf verkrustete Gewerkschaften, die für flexible Regelungen im Tarifsystem nicht aufgeschlossen seien. Die Gewerkschaften bemängeln, daß der Arbeitgeber den Verlust bewährter Kontrollmechanismen durch
die Flexibilität vielseitig einsetzbarer Arbeitnehmer befürchtet.

7. Arbeiten im Stehen

Diese Forderung mag nach allem anderen banal klingen, aber
im Stehen ist man besser beweglich als im Sitzen. Nun wird
gerade die sitzende Tätigkeit als eine große Errungenschaft
angesehen, machte sie doch in der Vergangenheit schon fast
den Klassenunterschied zwischen Arbeiter und Angestellten
deutlich. Aber auch Angestellte sollten mehr im Stehen arbeiten. Wenn in Deutschland Stehpulte angeschafft werden, sind
es meist edle Designerstücke, die als Statussymbol das Chef-
zimmer zieren. Ein einfacher Angestellter hat keinen Anspruch
auf einen Stehplatz, auch wenn er dadurch effektiver arbeiten
würde.

Bitte überlegen Sie selbst, wo überall im Stehen gearbeitet wird. Können Sie sich eine Küche in einem Restaurant vorstellen, wo die Köche jeweils vor den Töpfen Platz nehmen? Oder einen Schmied, der seinen Hammer im Sitzen schwingt? Kann ein Redner Dynamik und Begeisterung vermitteln, wenn er nicht aufsteht?

Die Vorteile der U-Form

Für eine fließorientierte Fertigung bietet sich die U-förmige Anordnung der Arbeitsplätze oder Maschinen an. Die Mitarbeiter befinden sich in der Mitte des »U«. Das hat folgende Vorteile:

- Es gibt weniger Laufwege für die Mitarbeiter, weil sich die verschiedenen Produktionsschritte gegenüberliegen.
- Ein flexibler Mitarbeitereinsatz wird möglich, weil die Mitarbeiter eine oder bei geringerer Produktionsdichte auch mehrere Maschinen bedienen können.
- Innerhalb des Produktionsteams besteht eine bessere Kommunikation, und das heißt, daß auch Probleme schneller gelöst werden können.
- Das Material- und Werkzeughandling wird vereinfacht, weil die Arbeitsplätze und Übergabestellen dichter zusammenrücken.
- Die Materialsteuerung wird vereinfacht, weil Materialein- und -ausgang auf der gleichen Seite liegen.

Wenn Sie sich bemühen, die Fließfertigung mit der Losgröße = 1 einzuführen, werden Sie auf eine ganze Reihe von Problemen stoßen, ich sollte besser sagen, Sie werden diese Probleme aufdecken, denn vorhanden waren sie bereits vorher. Die Probleme resultieren also nicht aus der Umstellung der Fertigung, wie manche, die gern alles beim alten lassen würden, dann gern behaupten.

Qualitätsmängel, alle Arten von Verschwendung, schlechte Materialversorgung, falsche Anordnung der Arbeitsplätze, mangelnde Kundenorientierung, ungeplante Maschinenstillstandzeiten und mangelhafte Ausbildung der Mitarbeiter werden die Hauptprobleme bilden, die Sie konsequent und hartnäckig attackieren und beseitigen müssen. Für den Kunden und erst recht für den Endverbraucher ist es vollkommen gleichgültig, ob die Ware in der Los- oder in der Fließfertigung hergestellt wurde.

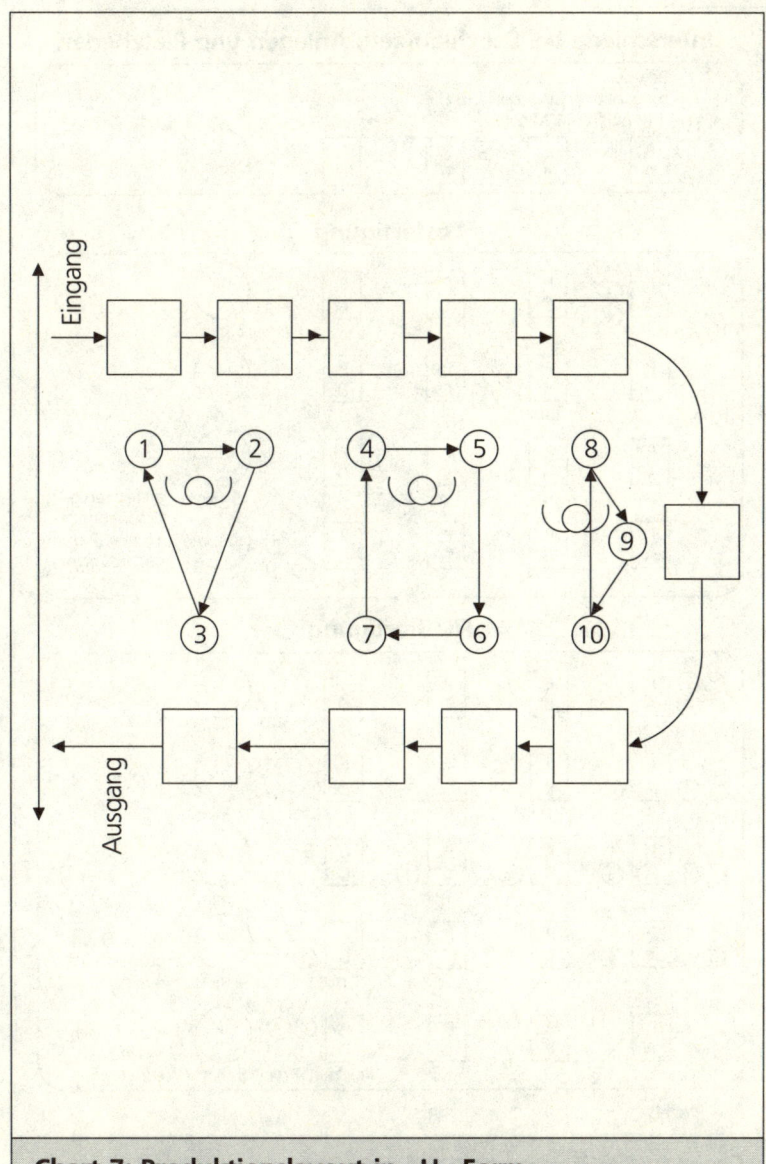

Chart 7: Produktionslayout in »U«-Form

Unterschiede bei Durchlaufzeit, Anlagen und Platzbedarf

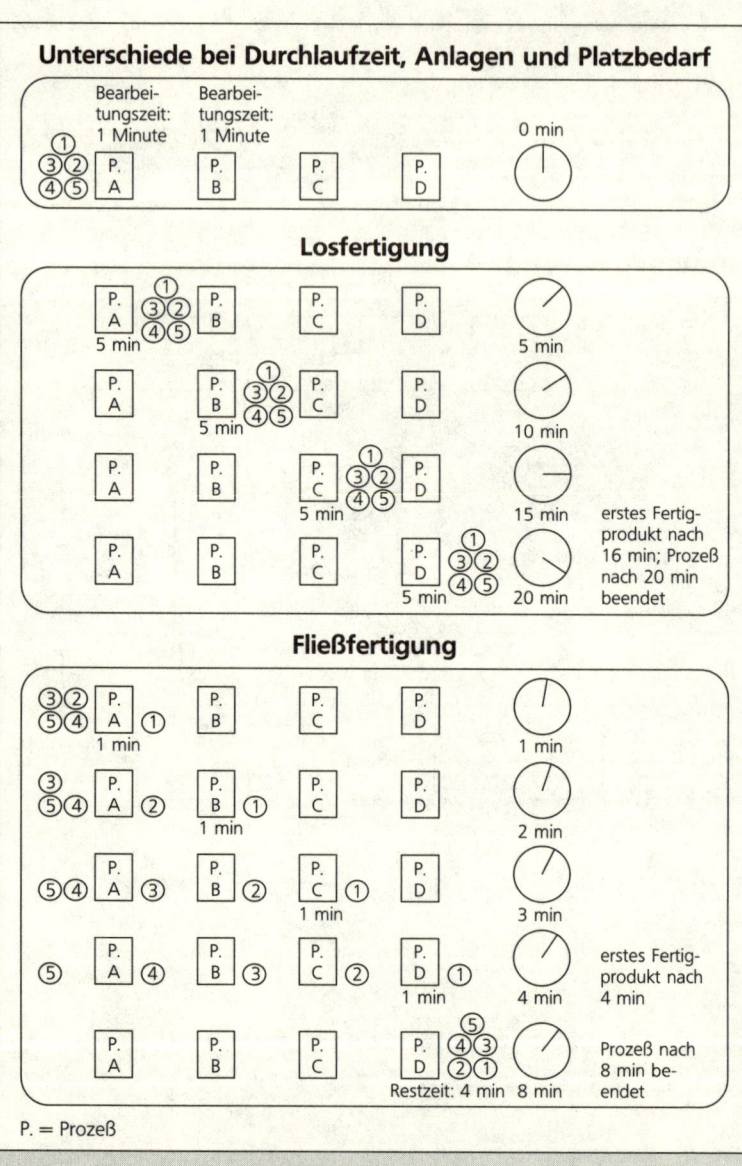

Losfertigung

Fließfertigung

P. = Prozeß

Chart 8: Fließfertigung/Losfertigung

	Fließfabrik	Losfabrik
Fertigungs-methode	**Fließfertigung** 	**Losfertigung**
	Mehrprozeßbedingung 	**Mehrmaschinenbedienung** Pool mit Materialien und Komponenten
Arbeit	mehrere Prozesse	Einzelprozeß
Materialien/ Komponentenpool	nicht notwendig oder geringfügig	notwendig
Durchlaufzeiten	kurz	lang
Produktionssystem	kleine Mengen, hohe Produktvielfalt	Massenproduktion, geringe Produktvielfalt
Maschinen	klein, kostengünstig, niedrige Geschwindig-keit, spezialisiert	groß, teuer, hohe Ge-schwindigkeit, allgemein
Platzbedarf	niedrig	hoch
Absatz	firmenweit	auf Linie oder Arbeitsbereich begrenzt
Transportvorgänge	nicht notwendig	erforderlich
Qualität	minimale Fehlerrate	Los für Los
Verbesserungen von Rüstvorgängen	häufig möglich	selten möglich
Prozeßlager	nicht erforderlich	erforderlich

Chart 9: Fließfabrik/Losfabrik

8.

Sarashikubi – das Prangersystem

Bei dem Begriff Sarashikubi oder »visuelles Management«, wie eine gefällige Übersetzung lauten könnte, liegt die Betonung auf visuell. Es geht darum, das, was das Management ausmacht, sichtbar zu machen und aus der reinen Abstraktion herauszuführen. Wenn Sie einem Mitarbeiter etwas sagen, dann können Sie zunächst davon ausgehen, daß er es gehört hat. Um das zu überprüfen, ist es beim Militär und überall dort, wo es gilt, Hörfehler auszuschließen, üblich, den Befehl oder die Information laut zu wiederholen.

Ob er das, was Sie sagen, auch inhaltlich verstanden hat, hängt davon ab, wie gut Sie es formuliert haben und wie gut er diese Formulierung gedanklich verarbeiten kann. Wie lange er dann diese Information behält, hängt von so vielen Faktoren ab, daß Sie sie gar nicht mehr beeinflussen können.

Ich habe in einem Unternehmen im Ruhrgebiet gefragt, wieviel Ausschuß pro Jahr produziert wird. Man war sich über alle Hierarchieebenen hinweg sehr schnell einig, daß der Ausschuß ungefähr einen Gegenwert von drei Millionen DM bei 200 Millionen DM Umsatz repräsentiert, das sind immerhin 1,5 Prozent. Das schien aber niemanden sonderlich zu beeindrucken, schließlich war es nur eine abstrakte Zahl.

Mein Vorschlag bestand darin, sich diese Summe doch einmal in Form von konkreten Produkten vorzustellen. Der Ausschuß repräsentiert so ungefähr den Gegenwert von dreißig nagelneuen Mercedes der Mittelklasse. »Leihen Sie sich diese dreißig Autos für eine Woche, und stellen Sie sie auf den Firmenhof«, sagte ich, »und machen Sie ein großes Schild: Hier steht der Ausschuß eines Jahres. Sie werden sehen, wie schnell sich die Ausschußquote reduziert.«

Es kommt darauf an, Probleme nicht abstrakt zu behandeln, sondern real sichtbar zu machen. Wenn dieses Unternehmen seine Mitarbeiter noch mehr motivieren wollte, gäbe es die Möglichkeit, einen Mercedes zu kaufen und ihn vor der Kantine aufzustellen, so daß alle ihn täglich betrachten können. Daneben wieder ein Schild: »Wenn der Ausschuß innerhalb eines Jahres um 10 Prozent zurückgeht, wird dieser Wagen unter den Mitarbeitern verlost.« Eine greifbare, tägliche Chance und Herausforderung.

Die Firma Porsche hat es in ähnlicher Weise gemacht, um mehr Verbesserungsvorschläge zu erhalten. Dort hat man keinen Porsche aufgestellt, der wäre für die Mitarbeiter und Technikfreaks nicht reizvoll genug gewesen, sondern ein Motorrad von Harley-Davidson. Jeder Mitarbeiter, der mindestens fünf Verbesserungsvorschläge pro Jahr einreichte, konnte an der Verlosung dieser Maschine teilnehmen.

Nur ein Bild des Motorrades in der Mitarbeiterzeitschrift hätte längst nicht einen so großen Aufforderungscharakter gehabt wie der konkrete Gegenstand selbst. Bilder sind heute in unserer mit Informationen überfluteten Zeit oft schon zuwenig, um in das Bewußtsein vorzudringen und dort Veränderungen zu bewirken.

Bei einem Hersteller von Tiefkühlkost wurde bei den Eiskremprodukten sehr viel Ausschuß produziert, weil bei der Verpackung Deckel schief aufgesetzt wurden. Die Eiskrem war völlig einwandfrei, nur eben die Verpackung nicht. Bei der Kontrolle am Ende des Fließbands wurden die fehlerhaften Teile herausgenommen und weggeworfen. Das mochte ich nicht mit ansehen. Also nahm ich die gesamte fehlerhafte Produktion eines Vormittags und schichtete sie zur Mittagszeit in der Kantine auf, mit dem Hinweis, dies sei der bisherige Ausschuß des heutigen Tages. Jeder könne sich bedienen und soviel davon essen, wie er wolle. Der Berg der schlecht verarbeiteten Verpackungen war ziemlich groß und verschlug den Leuten den Appetit. Als die Mittagspause vorbei war und fast jeder ein Eis gegessen hatte, war der Stapel noch nicht sichtlich kleiner geworden. Ich bot den Mitarbeitern an, etwas mit nach Hause zu nehmen. Irgendwie fühlten sich alle unbehaglich.

Schon am Nachmittag gab es eine Veränderung. Zunächst wurde das Tempo des Fließbandes etwas reduziert, dann die Teile gerichtet. Der Ausschuß ging sofort um 90 Prozent zurück. Jeder fühlte sich auf einmal zuständig. Erst die Sichtbarmachung der Verschwendung hatte geholfen. Vorher war es so gewesen, daß der eine für das Tempo des Bandes zuständig war, aber nicht für das, was dabei herauskam. Diejenigen am Ende des Bandes waren für das Aussortieren da, aber nicht für das Beheben von Mängeln. Eine Verteilung der Verantwortung, wie ich sie leider häufig antreffe.

Das waren einige Beispiele für Sarashikubi, die seine Bedeutung und Wirksamkeit demonstrieren sollten. Sie machen aber nicht den Kern der täglichen Arbeit aus. Dazu gehören:

Aushängen und Anwenden von Standards

Mit Aushängen und Anwenden von Standards meine ich, daß zum Beispiel Arbeitsmethoden, also eine bestimmte Reihenfolge von Produktionsschritten oder Handgriffen, nicht nur mit dem Mitarbeiter an seinem Arbeitplatz besprochen werden, sondern daß eine Schautafel am Arbeitsplatz befestigt wird. Sie zeigt auch anderen Mitarbeitern in verständlicher Weise, was hier zu tun ist und wie dies zu geschehen hat. Dadurch werden bei einem Arbeitsplatzwechsel für den neuen Mitarbeiter keine langen Einarbeitungszeiten notwendig.

Qualitätsstandards sind ebenfalls leichter visuell zu vermitteln. Wenn am Arbeitsplatz gute und schlechte Teile ausgestellt werden, sollten Sie auch erläutern, weshalb diese gut oder schlecht sind. Dabei sind die Kriterien so objektiv wie möglich zu definieren, besonders bei Teilen, die oft einer subjektiven Betrachtung unterworfen sind, wie zum Beispiel Lackierungen oder Oberflächen. Besonders wichtig ist die zur Schaustellung von beinahe noch guten oder beinahe schlechten Teilen. Der japanische Begriff dafür ist Sarashikubi, und das bedeutet soviel wie Grenzmuster.

Welcher Mitarbeiter für welche Wartungs- und Reinigungsarbeiten an welcher Maschine zuständig ist, läßt sich zum Beispiel durch ausgehängte Wartungspläne und farbige Markierungen deutlich machen. Über die Markierung von Stückzahlen und Materialmengen habe ich bereits gesprochen.

Aushängen und Anwenden von Zielen

Ich wüßte zur Zeit kein Unternehmensziel, das nicht durch visuelles Management mehr Wirkung und Durchsetzungskraft erlangen könnte. Die Darstellungsformen sind dabei ebenso unterschiedlich wie die Ziele selbst.

Besteht ein Problem mit den Fehlzeiten oder der pünktlichen Arbeitsaufnahme von Mitarbeitern, können öffentlich aushängende Listen, in die sich jeder einträgt, schon schnell für eine erste Abhilfe sorgen. Allerdings sind damit noch nicht die eigentlichen Ursachen beseitigt.

Geht es um Qualität, Produktivität, Kosten, Maschinenlaufzeiten oder Lieferzeiten, können diese graphisch, mit möglichst einfachen Bildern oder Symbolen, dargestellt werden. Bestimmte Ziele können knapp formuliert auf Transparenten an die Wände oder über die Gänge gehängt werden. Das mag manchen an volkseigene Betriebe erinnern, aber gerade in den neuen Bundesländern wußten die Mitarbeiter den Sinn und Zweck dieses visuellen Managements sehr gut einzuschätzen. Eine andere Möglichkeit hat ein Autozulieferer in der Nähe Frankfurts gewählt. Hier werden für die Mitarbeiter kleine Videofilme gedreht, die die wichtigsten Probleme, Erfolge und Fortschritte in Form von Nachrichtenmagazinen behandeln. Diese Filme laufen auf extra dafür aufgestellten Monitoren und werden von den Mitarbeitern als ein modernes Kommunikationsinstrument sehr gut beachtet und aufmerksam verfolgt.

Überwachen und Aushängen der erzielten Fortschritte

Zwischen dem vereinbarten und festgelegten Soll und dem tatsächlichen Ist besteht meist eine Lücke. Wie groß sie ist, wird niemandem bei der täglichen Arbeit so recht bewußt sein. Das Ziel, die Lücke zwischen Ist und Soll zu schließen, wird daher auch nur sehr bedingt den Arbeitsablauf bestimmen. Es kommt also darauf an, Ist und Soll bewußtzumachen.

Im Rahmen des visuellen Managements bieten sich entweder plakative Aufforderungen an oder Soll/Ist-Gegenüberstellungen, die von den Mitarbeitern selbst geführt werden. Gerade die Beteiligung der Mitarbeiter ist von entscheidender Bedeutung. Es wird dem einzelnen mehr Kopfzerbrechen machen, wenn er täglich für alle sichtbar Mindermengen notieren muß, ebenso wie es ihn mit Freude und Stolz erfüllt, ein gestelltes Ziel erreicht zu haben.

In diesem Zusammenhang ist es ganz wichtig, den Unterschied zwischen Motivation durch Information und Psychoterror durch Gruppenzwang noch einmal deutlich zu machen. Das japanische Modell sieht vor, daß alle Bescheid wissen und daß der Langsamste das Tempo der Gruppe bestimmt. Sein Tempo wird in einer japanischen Gruppe aber nicht auf Trägheit oder Faulheit beruhen, das könnte er sich nicht leisten. Seine Langsamkeit wird nach außen aber auch nicht so sichtbar, weil die Gruppe ihm helfen wird, so daß er von der Geschwindigkeit des Schnellsten profitiert.

In Deutschland kann die Gefahr bestehen, daß das visuelle Management dazu genutzt wird, einen Mitarbeiter auszugrenzen und öffentlich abzuqualifizieren, um ihn zur Kündigung zu veranlassen. Es ist aus meiner Sicht Aufgabe der Führungskräfte, das Potential eines Mitarbeiters zu erkennen und ihn nur mit solchen Aufgaben zu betrauen, die er bewältigen kann. Gerade durch den Einsatz als Mehrzweckarbeiter erhält der einzelne die Chance, seine Fähigkeiten auszubauen und Schwächen zu kompensieren.

Warnhinweise bei Problemen

In Japan ist das Andon-System sehr beliebt. Auf einer Leuchttafel oder durch Lichtsignale kann jeder Mitarbeiter anzeigen, wenn bei ihm Probleme bestehen. Das System dient damit der Unterstützung des Mitarbeiters, wenn dieser im laufenden Prozeß Hilfe benötigt. Dem gleichen Zweck dienen auch Stopand-go-Signale. Sie informieren alle über den jeweiligen Prozeßzustand.

Mit dem Begriff *Autonomation* fasse ich alle Vorrichtungen zusammen, die einen Produktionszyklus stoppen können, wenn abnormale Situationen auftreten. Dadurch läßt sich die Fertigung größerer Mengen fehlerhafter Teile wirkungsvoll verhindern, weil jedes Problem sofort untersucht werden kann.

Zusammenfassend möchte ich darauf hinweisen, daß die ausgehängten Informationen sich immer direkt auf den spezifischen Arbeitsplatz oder Arbeitsprozeß beziehen müssen. Das Aushängen allgemeiner Informationen im Arbeitsbereich ist nicht sinnvoll, ein Fehler, der in sozialistischen Wirtschaften im großen Stil gemacht wurde. Die Mitarbeiter einer Nähmaschinenfabrik wurden zum Beispiel über die Ziele der Rübenernte informiert statt darüber, wo die richtigen Schrauben liegen. Visuelles Managment ist alles das, was die Mitarbeiter bei ihrer Arbeit unterstützt und ihnen ein direktes und prozeßbezogenes Feedback gibt. Jeder Mitarbeiter soll die Informationen als Teil seiner Funktionen am Arbeitsplatz nutzen können und damit seinen Arbeitsprozeß kontinuierlich verbessern.

9.

Standardisierung

Der Begriff Standardisierung fiel in diesem Buch ja schon häufiger. Standardisierung beginnt bereits bei der Materialbereitstellung. Das heißt, es wird beispielsweise genau definiert, was, wann und wohin geliefert wird und wer es auspackt. Die richtigen Werkzeuge am richtigen Platz sind ebenso in diesen Begriff eingeschlossen wie die regelmäßige Wartung und Reinigung aller Maschinen und Ausrüstungsgegenstände. Den Kern der Standardisierung bildet natürlich der Produktionsprozeß selbst.

Bevor ich weiter fortfahre, möchte ich noch einmal auf die Gefahr eines großen Mißverständnisses hinweisen. Standardisierung bedeutet nicht, daß irgend etwas, ein Verfahrensschritt, die Entscheidung für ein Werkzeug oder einen Werkstoff, nun ein für allemal getroffen und unverrückbar für alle Zeiten festgeschrieben wurde. Auch die Standardisierung ist dem permanenten Wandel unterworfen und muß immer wieder neu in Frage gestellt werden. Jeder Standard ist lediglich die Grundlage für weitere Verbesserungen. Zur Standardisierung empfehle ich drei Grundwerkzeuge:

- die Taktzeit,
- das Standard-Arbeitsblatt und
- das Arbeitsverteilungsblatt.

Die Taktzeit

Die Taktzeit sollte jeweils für ein zu fertigendes Produkt ausge-
wiesen werden. Sie orientiert sich an der vom Kunden gewünschten Menge innerhalb einer bestimmten Zeiteinheit.
Das können Wochen oder Monate sein, wenn es sich um Kraft-
werksturbinen handelt, oder Stunden und Minuten, wenn es
um die Produkte einer Großbäckerei geht. Die Arbeit sollte in
einer vereinbarten Folge von Schritten erfolgen, die die Produktivität steigert und die Sicherheit und Qualität gewährleistet.
Wie die Zeit wird auch das Material standardisiert, indem man
das Minimum von Teilen festlegt, die notwendig sind, um eine
Arbeitsabfolge innerhalb eines bestimmten Prozesses durchzuführen, ohne den Fertigungsfluß zu unterbrechen.

Das Standard-Arbeitsblatt

Das Standard-Arbeitsblatt gibt für jeden Mitarbeiter einen
Überblick über den Arbeitsinhalt der einzelnen Arbeitsablauf-
schritte. Es umfaßt neben den Angaben zur Taktzeit, zum
Arbeitsablauf und zum Material auch mögliche Qualitätskon-
trollstellen sowie Sicherheits- und Warnsymbole. Das Standard-Arbeitsblatt wird von jedem Mitarbeiter gemeinsam mit
dem zuständigen Meister oder dem Teamleiter festgelegt und
kontinuierlich den notwendigen Veränderungen angepaßt. Es
sollte für jeden sichtbar am Arbeitsplatz ausgehängt werden.
Als mögliche Gliederung empfehle ich:

- Taktzeit,
- Arbeitsablauf,
- Standardmaterial im Prozeß,
- Prozesse, die einen Qualitätscheck benötigen,
- Prozesse, die besondere Sicherheits- oder Vorsichtsmaßnah-

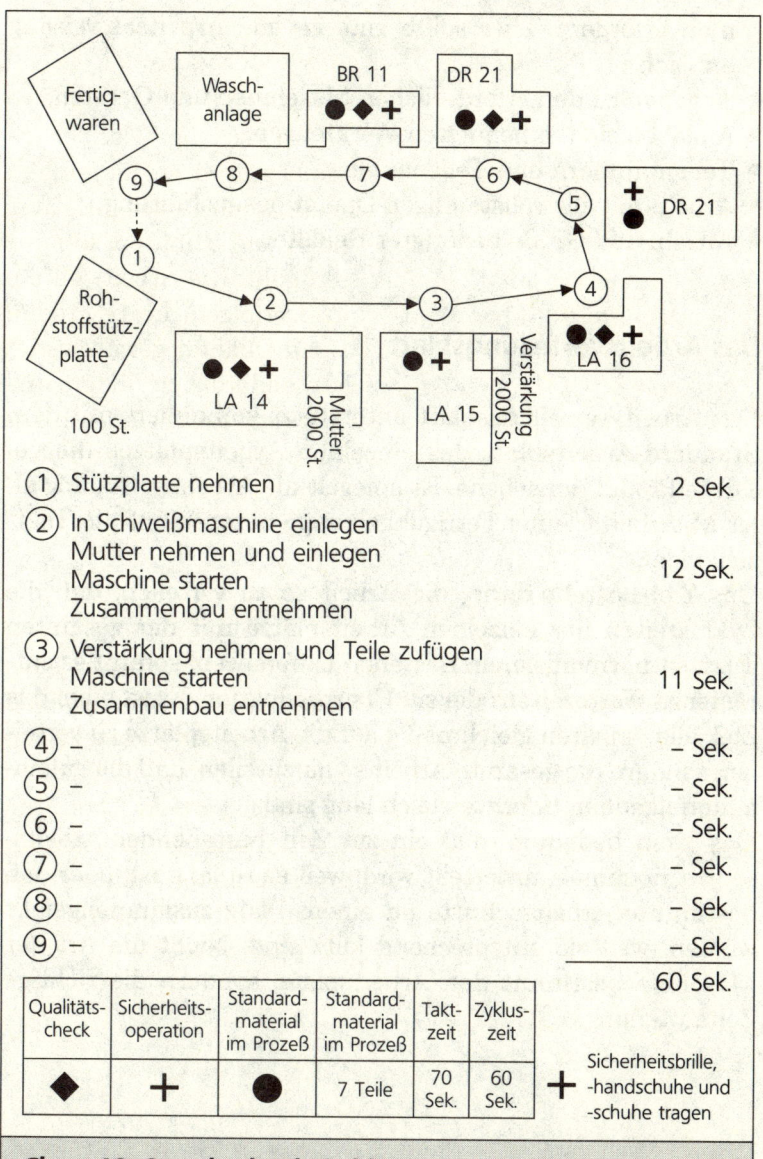

① Stützplatte nehmen — 2 Sek.

② In Schweißmaschine einlegen
Mutter nehmen und einlegen
Maschine starten — 12 Sek.
Zusammenbau entnehmen

③ Verstärkung nehmen und Teile zufügen
Maschine starten — 11 Sek.
Zusammenbau entnehmen

④ – — – Sek.
⑤ – — – Sek.
⑥ – — – Sek.
⑦ – — – Sek.
⑧ – — – Sek.
⑨ – — – Sek.

60 Sek.

Qualitäts-check	Sicherheits-operation	Standard-material im Prozeß	Standard-material im Prozeß	Takt-zeit	Zyklus-zeit	
◆	✛	●	7 Teile	70 Sek.	60 Sek.	✛ Sicherheitsbrille, -handschuhe und -schuhe tragen

Chart 10: Standard-Arbeitsblatt

men erfordern. Hier sollte eine genaue Arbeitsanweisung erfolgen.

- Angaben zu den erforderlichen Maschinen und Geräten,
- Angaben zu den benutzten Werkzeugen,
- Teilenummern und Teilenamen,
- Arbeitszeit zur vollständigen Operationsausführung,
- Anzahl und Größe benötigter Behälter.

Das Arbeitsverteilungsblatt

Das Arbeitsverteilungsblatt unterstützt kombiniert mit dem Standard-Arbeitsblatt des einzelnen Arbeitsplatzes die gesamte Produktionsebene. Es spiegelt die Arbeitsverteilung aller Mitarbeiter einer Fertigungsgruppe bezogen auf die Taktzeit wider.

Das Ziel besteht darin, die Arbeit so zu verteilen, daß die Zykluszeiten der einzelnen Arbeitsplätze mit der gesamten Taktzeit harmonisieren. Bestehen Differenzen, kommt es entweder zu Wartezeiten oder zur Überproduktion. Es ist nicht das Ziel, alle Arbeiten gleichmäßig auf die Arbeitsplätze zu verteilen, sondern die gesamte Arbeit so aufzuteilen, daß die aufeinanderfolgenden Schritte gleich lang sind.

Das kann bedeuten, daß ein zur Zeit bestehender Arbeitsschritt nochmals unterteilt wird, weil er zu lang ist, oder daß bestimmte Arbeitsschritte an einem Platz zusammengefaßt werden, weil sie entsprechend kurz sind. Nicht die Art der Maschine bestimmt den Arbeitsplatz, sondern die richtige Zeitaufteilung.

10.

Qualitätssicherung

JIT-Kaizen ist an sich schon ein Quality Network, trotzdem ist es notwendig, ein eigenes System zu installieren, das die Qualität im Arbeitsprozeß von Anfang an sicherstellt. Als Vorbedingung dafür müssen Arbeitsplätze und ein Arbeitsumfeld geschaffen werden, die den Mitarbeiter effizient und qualitätsorientiert bei seiner Arbeit unterstützen. Die entsprechenden Instrumente des JIT-Kaizen haben Sie bereits kennengelernt.

Um Qualität innerhalb des kontinuierlichen Verbesserungsprozesses sicherzustellen, gehen Sie folgende Checkliste durch:

- Welche Qualitätsanforderungen müssen in Ihrem Unternehmen berücksichtigt werden?
- Mit welchen Methoden sind diese Qualitätsanforderungen zu erreichen?
- Welche Aktivitäten sind notwendig, um Fehler zu vermeiden (Error Proofing/Pokayoke)?
- Wie werden bei Ihnen Defekte gemeldet und Fehler eingedämmt oder vorausschauend verhindert?
- Sind die Möglichkeiten des visuellen Managements voll ausgeschöpft?

Die wichtigste Rolle in der Qualitätssicherung spielen Ihre Mitarbeiter. Es ist deshalb wichtig, das Bewußtsein für Qualität im eigenen Arbeitsbereich bei jedem einzelnen zu stärken:

- Nimm keine defekten Teile an.
- Verursache keine Defekte.
- Gib keine defekten Teile weiter!

Es ist ganz wichtig, daß wir unsere traditionelle Betrachtungsweise von Qualitätssicherung zu einem proaktiven Managementsystem weiterentwickeln und ein System der »First Time Quality« (Mache es gleich richtig) einführen. Prüfen Sie innerhalb des JIT-Kaizen folgende Fragen:

- Wurde die Arbeitsmethode standardisiert, die zur Zeit am besten die Qualität gewährleistet?
- Werden die geplanten Methoden auch angewendet?
- Werden die geplanten Materialien, Werkzeuge und Maschinen verwendet?
- Versteht der Mitarbeiter die Qualitätsanforderungen?
- Sind die Qualitätsmaßstäbe meßbar?
- Welche Probleme wurden an den verschiedenen Arbeitsplätzen bisher erkannt?
- Welche Fehler oder potentiellen Fehler wurden bisher nachgewiesen?
- Was muß getan werden, um Fehler einzudämmen und zu verhindern?

Ein System der Fehlervermeidung, auf japanisch Pokayoke, besteht grundsätzlich aus drei Elementen:

- Einem Detektor, der Abnormalitäten oder Abweichungen im Prozeß oder im Werkstück feststellt.
- Einem Prozeßunterbrecher, der bei einer festgestellten Abweichung den Prozeß unterbricht.
- Einem Signalgeber, der optisch und akustisch die Unterbrechung signalisiert.

Sobald ein Problem erkannt ist, sind folgende Schritte notwendig:

- Identifizieren Sie das Problem.
- Analysieren Sie es, indem Sie Daten sammeln und bewerten.
- Planen Sie Verbesserungen.
- Führen Sie die Verbesserungen ein.
- Bewerten Sie die Verbesserungen, und machen Sie sie zu Standards.

Viele Leute haben eine große Abneigung gegen Probleme und wollen sie gern vermeiden, indem sie diese ignorieren, vertuschen oder umgehen. Dadurch werden die Probleme aber nicht gelöst. Sehen Sie Probleme als Chance zur Verbesserung.

Viele Leser werden sich sicher schon wundern, weshalb ich bisher mit keinem Wort TQM (Total Quality Management), TQS (Total Quality System) und die DIN/ISO 9000 erwähnt habe. Ich möchte nur daran erinnern, daß die Norm ISO 9000 in England nur deshalb entwickelt wurde, um die einheimische Industrie bei Regierungsaufträgen gegen ausländische Wettbewerber zu schützen.

Die Frage nach der Erfüllung der Norm ist nichts weiter als eine Killerphrase, um sich ungeliebten Wettbewerb und ungeliebte Anbieter vom Leibe zu halten. Sie wird von all jenen benutzt, die sich nicht substantiell mit der Qualität auseinandersetzen wollen. Für mich ist die Norm nur ein Popanz, der die meisten Unternehmen viel Geld kostet, das sie an anderer Stelle viel dringender hätten ausgeben müssen.

11.

Das Kanban-System

Der japanische Begriff Kanban ist in der deutschen Wirtschaft außerordentlich bekannt. Ich fürchte allerdings, daß er in seiner Bedeutung stark überschätzt wird. Kanban ist in Japan nur eine unter vielen Methoden des Produktionsmanagements. Das japanische Wort Kanban steht für Karte, aber auch für Aushängetafel. Als Karte werden auf dem Kanban Arbeitsanweisungen und Bestellinformationen festgehalten, es ist also zunächst einmal ein Formular, mit dem bestimmte Informationen transportiert werden. Je nach Zielsetzung gibt es verschiedene Arten von Kanban.

1. Kanban für die Fremdbeschaffung von Teilen

Dieses Kanban wird auch »Einkaufs- oder Liefer-Kanban« genannt. Man benutzt es häufig im Bereich der Endmontage, bei der viele Teile zugeliefert werden.

2. Hol-Kanban

Diese Bezeichnung bezieht sich auf ein Kanban zwischen zwei Arbeitsschritten und organisiert die Lieferbeziehungen innerhalb der Produktionsstätte. Dabei wird weiter differenziert in Kanban, die jeweils nur ein Teil anfordern, oder in Kanban, die

die Anweisung geben, die Teile in der Reihenfolge ihrer Montage zu ordnen. Solche Kanban werden einfach auf Schachteln oder Transportbehältern angebracht.

3. Anweisungs-Kanban

Dies ist das Kanban im engeren Sinne. Es gibt die genauen Arbeitsanweisungen zu einem Arbeitsschritt, es kann aber auch einen Werkzeugwechsel veranlassen.
Auf einer Kanban-Karte sind normalerweise der Warenname und die Verwaltungsnummer verzeichnet, Zahlenangaben zur Menge, der vorherige Arbeitsschritt und der auszuführende Arbeitsschritt.

4. Signal-Kanban

Ein Signal-Kanban weist zum Beispiel den Werkzeugwechsel an einer Maschine an, die nicht in die Bandorganisation integriert ist. Dabei ist das Signal-Kanban meist an eine bestimmte Losgröße gebunden.
Die Kanban-Methode ist also eigentlich nichts anderes als eine Auftragsfertigung, bei der Informations- und Materialfluß miteinander verbunden sind. Entstanden ist die Kanban-Methode im Bereich des statistischen Lagermanagements. Bei ihr entfällt die ständige Kontrolle der Lagerbestände, und sie ermöglicht ein automatisches Bestellsystem. Für Waren oder Materialien, deren Bedarfshöhe sich permanent ändert, ist sie allerdings nicht geeignet.
Der Unterschied zwischen Kanban und konventioneller Auftragsfertigung besteht hauptsächlich in folgenden Punkten:

● Information und Material
Bei der Auftragsfertigung sind die Informationen über den Fertigungsprozeß und das Material getrennt. Beim Kanban bewegen sie sich gleichzeitig und einheitlich.

● Verwaltung
Die Auftragsfertigung erfordert ein ständiges Lagermanagement, Kanban nicht.

● Visuelles Management
Das visuelle Management ist nicht notwendigerweise mit der Auftragsfertigung verknüpft. Kanban ohne visuelles Management ist nicht möglich.
Das Kanban-System arbeitet, wie man unschwer erkennen kann, nicht nach dem Schub-, sondern nach dem Ziehprinzip. Damit es funktioniert, sind die folgenden Regeln zu beachten.

● Holen vom vorgelagerten Arbeitsplatz
Die am vorgelagerten Arbeitsplatz hergestellten Zwischenprodukte sollen nicht einfach an den nachfolgenden Arbeitsplatz weitergeschoben werden. Das benötigte Material wird geholt. Diese Nachfrage löst dann wieder die Produktion einer entsprechenden Menge neuer Teile aus.

● Enge Verbindung
Der vorgelagerte Arbeitsplatz kann nur das herstellen, was der nachgelagerte nach Menge und Zeitraum nachfragt.

● Hundertprozentige Qualität
An jedem Arbeitsschritt ist man für die Qualität seiner Produkte verantwortlich. Ausschußware darf nicht weitergegeben werden, weil das den gesamten Arbeitsprozeß stören würde.

- Durchschnittliches Produktionsvolumen

Damit die Produktion regel- und gleichmäßig verläuft, richtet man sich am durchschnittlichen Produktionsvolumen aus.

- Kanban und Werkstück bilden eine Einheit

Das Kanban bewegt sich immer mit dem Werkstück. Seine Rolle besteht in der Angabe produktionsbezogener Informationen. Werden Werkstück und Kanban getrennt, verändert es seine Funktion und löst zum Beispiel eine Bestellung aus.

- Kanban als Instrument zur Entdeckung
  von Verbesserungspotential

Wenn die Zahl der zirkulierenden Kanban gering gehalten wird, werden Qualitätsmängel der Produkte und der Produktion leichter sichtbar.

12.

Mehrzweckarbeiter sind produktiver

Wachsende Produktvielfalt und immer differenziertere Verbraucherwünsche werden die Komplexität der verschiedenen Produktionsmethoden noch wachsen lassen. Bleibt man bei der traditionellen Gestaltung der Arbeitsplätze, wird das unweigerlich zu einer noch größeren Spezialisierung führen, und das bedeutet für die Mitarbeiter in der Fertigung eine Monotonisierung der Arbeit.

Ich bin ein großer Befürworter der mehrzweckorientierten, multifunktionalen Arbeit, weil ich sicher bin, daß sie die Freude und Kreativität jedes einzelnen Mitarbeiters fördert. Monotonie führt zur Uniformität und zu eindimensionalem Denken. Multifunktionalität fordert und fördert den Menschen als Ganzes und trägt damit zur Ausbildung eines persönlichen Leistungsprofils, zur Selbstbestätigung des Individuums und zur Ausbildung von Individualität als höchstes Ziel des westlichen Menschenbildes bei. Darüber hinaus bewirkt sie innerhalb einer ihr entsprechenden Arbeitsplatzorganisation sogar noch eine Produktivitätssteigerung.

In einer Diskussion wurde mir einmal ein Beispiel entgegengehalten. Ein Unternehmen der Schreibgeräteindustrie wollte seinen Mitarbeiterinnen die Möglichkeit zur Arbeitsplatzrotation geben, um ihnen eine scheinbar monotone, immer wiederkehrende Arbeit zu ersparen. Die Mitarbeiterinnen machten aber von diesem Angebot keinen Gebrauch. Daraus schloß das Unternehmen, daß von den Mitarbeitern gar keine Multifunktionalität gewünscht werde. Ich vermute, daß das spezielle soziale Umfeld in diesem Fall eine große Rolle spielt und keine Verallgemeinerung zuläßt. Jede Frau hat innerhalb eines großen Saals ihren festen Arbeitsplatz mit einer festen Ordnung, die durch Freundschaften, Sympathie und Antipathie bestimmt ist. Darüber hinaus hat sie ganz bestimmte Fertigkeiten erworben, über die andere nicht verfügen. Gibt sie diesen Arbeitsplatz auf, um für eine gewisse Zeit eine andere Tätigkeit innerhalb des Hauses auszuführen, verliert sie nicht nur ihre Fertigkeiten, sondern auch ihren sozialen Rang.

Was wir daraus lernen können ist, daß ein Mehrzweckarbeiter nicht mit einem sogenannten »Springer« verwechselt werden darf. Multifunktionalität hat nichts damit zu tun, jeden Arbeitnehmer jeden Tag nach Bedarf an einer anderen Stelle des Unternehmens einzusetzen. Damit isoliert man ihn und macht ihn nicht nur zu einem Rädchen im großen Getriebe, sondern stellt auch noch die Austauschbarkeit in den Vordergrund.

Multifunktionalität ist die gleichzeitige Arbeit an mehreren Maschinen oder die Durchführung mehrerer Arbeitsgänge an unterschiedlichen Maschinen. Dazu ist natürlich ein entsprechender Maschinenpark und eine darauf abgestellte Maschinenanordnung mit dem richtigen Ablaufplan nötig. Ziel ist die Fließfertigung mit den inzwischen bekannten Vorteilen wie höherer Qualität und niedrigerem Ausschuß.

Von besonderer Bedeutung ist, daß der Mitarbeiter in der Fließfertigung nicht nur produziert, sondern auch das Ergebnis seiner Arbeit selbst kontrolliert. Die Produktqualität ist der Maßstab für die eigene Tätigkeit.

Um die Übernahme mehrerer Arbeitsgänge einzuführen, müssen folgende acht Punkte beachtet werden:

1. Einführung der U-förmigen Maschinenanordnung

Die Anlagenanordnung muß von der Job-shop-Ausrichtung auf die Flow-shop-Ausrichtung entsprechend der Reihenfolge der Arbeitsgänge geändert werden. Dabei müssen die Maschinen nicht in gestreckter Form, sondern U-förmig aufgestellt werden. Dadurch wird unter anderem die Verschwendung durch nutzlose Wege vermieden.

Ich möchte noch erwähnen, daß die in Deutschland noch so häufig anzutreffenden Fließbänder und Fördereinrichtungen in Japan schon seit rund zehn Jahren aus der Mode gekommen sind. Statt aufwendige Vorrichtungen zu installieren, wurden einfach die Maschinen in der U-Form zusammengerückt und, wenn notwendig, mit einfachen Teilerutschen verbunden.

2. Umstellung der »Insel-Organisation«

Die Geschwindigkeit des Montagebandes bestimmt der Kunde. Wird bei einem Arbeitsgang das Bandtempo nicht eingehalten, kommt die gesamte Produktion ins Stocken. Die Arbeitsstation, die das Tempo nicht halten kann, möchte ich als »isolierte, kleine Insel« bezeichnen. Bei der Losfertigung wäre sogar die Bezeichnung »große Insel« gerechtfertigt. Auf diesen Inseln findet man alle Arten von Verschwendung, wie unnötiges Warten oder Nichtorientierung am Kunden. Es ist daher wichtig, diese Inseln aufzulösen und in den Produktionsfluß zu integrieren.

3. Verkleinerung der Anlage

Bei der Einführung einer Maschine wird oft nur über die Effizienz der Maschine nachgedacht. Wichtig ist aber die Gesamteffizienz, also die Leistung, die Mensch und Maschine gemeinsam im Zusammenspiel mit den vor- und nachgelagerten Arbeitsschritten in einer fließenden Fertigung erbringen. Dafür sind kleine Maschinen oft völlig ausreichend.

4. Arbeit im Stehen

Die Voraussetzung für die Übernahme mehrerer Arbeitsgänge ist die Arbeit im Stehen. Sie erzeugt eine aktivere, spontanere Arbeitseinstellung und verbessert auch die Kooperationsbereitschaft der Mitarbeiter untereinander.

5. Entkoppelung von Mensch und Maschine

Die Entkoppelung bedeutet, die Fixierung des Mitarbeiters auf die Maschine aufzuheben. Oft werden Mensch und Maschine als Einheit gesehen und für die produzierten Teile Maschinen- und Personalkosten angesetzt. Im Grunde soll die Fertigung der Maschine überlassen werden, während der Mensch bereits den nächsten Arbeitsschritt vorbereitet.

6. Weniger Spezialisten

Neben den multifunktionalen Arbeitern werden auch noch Spezialisten benötigt, die für die Wartung, Umrüstung und Reparatur bestimmter Maschinen gebraucht werden. Deren Arbeit soll soweit wie möglich durch wartungsfreie und unkomplizierte Maschinen überflüssig gemacht werden.

7. Automatisierung

Derjenige, der eine Maschine bedient, kann sich so lange keinem neuen Arbeitsschritt zuwenden, solange er nicht sicher ist, daß die Maschine einwandfrei läuft. Die Konstruktion störungsfreier Maschinen ist Voraussetzung für jede weitere Automatisierung.

8. Arbeitssicherheit

Der Arbeitssicherheit muß bei der Übernahme mehrerer Arbeitsgänge durch einen Mitarbeiter besondere Aufmerksamkeit gewidmet werden. Bei der Bedienung von mehreren Maschinen in U-förmiger Anordnung ist das Gefahrenpotential höher als bei einer klassischen Job-shop-Lösung.

VI.

Praktische Beispiele weisen den richtigen Weg

1.

Werkzeugwechsel

Das Thema Werkzeugwechsel wurde in diesem Buch schon mehrfach behandelt, nicht ohne Grund. Der Gedanke der Massenproduktion scheint in den meisten deutschen Unternehmen immer noch fest verankert zu sein. Man glaubt unerschütterlich an den Grundsatz, daß nur durch Massenproduktion die Grundlage eines guten Preis-Leistungs-Verhältnisses geschaffen werden könne. Massenproduktion wird deshalb als kostengünstig angesehen, weil man auf einen teuren Schritt innerhalb der Produktion verzichtet oder ihn so selten wie möglich vornimmt: den Werkzeugwechsel.

Beginnen Sie doch einfach einmal, über die Reduzierung der Umrüstkosten nachzudenken. Wenn man die Art und Weise eines Formen- oder Werkzeugwechsels verändert, ist auch eine Veränderung seiner Kosten möglich. Betrachten Sie dabei den gesamten Produktionsprozeß. In welchem Teilbereich hat eine Verbesserung die größten Auswirkungen? Sprechen Sie in diesem Zusammenhang auch mit Ihren Kunden. Gibt es Produkte, die Sie bisher nicht liefern konnten oder wollten, weil Ihnen die Produktion kleiner Mengen zu aufwendig erschien?

Betrachten wir zunächst die verschiedenen Tätigkeiten, die unter dem Oberbegriff Umrüstzeiten zusammengefaßt sind. Da ist zunächst der Wechsel von Formen und Schneidewerkzeugen. Dieser Arbeitsgang, in allen Produktionsstätten anzutreffen, ist ein typisches Objekt für Verbesserungen. Die Tätigkeit des Wechselns bezieht sich auch auf Preßformen, Bohrer und Sägen.

Die Änderung von Einstellungen an Maschinen stellt eine andere große Gruppe von häufigen Tätigkeiten dar. Bei der computergesteuerten Oberflächenbehandlung werden zum Beispiel oft Einstellungen geändert. Leider existiert das notwendige Know-how oft nur im Kopf eines einzigen Mitarbeiters.

Werden an einem Band unterschiedliche Produkte montiert, ändern sich mit dem Wechsel des Werkstücks auch meist die benötigten Teile und Vorprodukte. An diesem Wechsel ist deshalb die gesamte Produktion beteiligt, nicht nur die Montage. Auch beim Modellwechsel lassen sich mit sehr einfachen Methoden erstaunliche Zeiteinsparungen herbeiführen. So wurden in einer Firma die für den Einbau vorgesehenen Kleinteile in kleinen Kästchen neben dem Montageband gelagert. Wurde das Modell gewechselt, tauschte man diverse Kästchen gegen andere aus. Das dauerte fünfzehn Minuten.

Ein Verbesserungsvorschlag der Mitarbeiter sah einen Regalwagen vor. Auf der einen Seite befanden sich die Teile für Modell A, auf der anderen die Teile für Modell B. Wurde gewechselt, dann drehte man nur den Wagen. Der Zeitaufwand schrumpfte auf zwanzig Sekunden. Außerdem klebte man die kleinen Kästchen zusammen. Dadurch ließen sie sich viel leichter zum Neubefüllen in das Lager tragen.

In einem anderen Unternehmen wurde bei einem Modellwechsel am Montageband so lange weiter gearbeitet, bis das Band leer war. Dann versorgte man die Mitarbeiter mit dem Material für das neue Modell. Jeder tauschte seinen Materialkasten gegen einen neuen.

Erst wenn der letzte alles hatte, lief das Band wieder an. Der Vorgang dauerte ungefähr fünfzehn Minuten und war für die Mitarbeiter eine willkommene, aber nicht notwendige Pause. Jetzt wird zum Modellwechsel auf dem Fließband eine Lücke zwischen den Modellen gelassen. Parallel zu dieser Lücke geht ein Mitarbeiter mit einem Wagen das Band ab und tauscht die Materialkästen aus. Die Lücke entspricht ungefähr einer Pause von zwanzig Sekunden.

Je nach Produkt oder Produktionsverfahren erfordert die Umrüstung einer Maschine eine mehr oder weniger umfassende Vorbereitung. Manchmal sind sogar umfangreiche Pläne und speziell erstellte Zeichnungen notwendig. Diese Vorbereitungszeit wird oft der Umrüstzeit zugerechnet, ebenso wie die vorbereitenden Tätigkeiten selbst. Den Kern der Umrüstzeit bildet aber die Zeitspanne, in der eine Maschine abgeschaltet ist und nicht produziert. Hier entstehen die Kosten und die Verluste.

Fünf Maßnahmen für die Erneuerung des Umrüstprozesses

Wir können also den Umrüstprozeß in drei unterschiedliche Operationen unterteilen: die Kernzeit, in der die Maschine steht, die Vor- und Nachbereitungszeit und die verschwenderischen Aktionen, die zu überhaupt nichts dienen. Das sind das Suchen von Werkzeugen oder das Warten auf einen Kran. Ich habe schon erlebt, daß jemand geduldig einen halben Tag gewartet hat, bis der Kran kam.

● Erste Maßnahme
Gründen Sie ein Team, das die Erneuerung des Werkzeugwechsels vorantreiben soll. Dieses Team muß die volle Unterstützung und Rückendeckung des Topmanagements haben.

● Zweite Maßnahme
Bei Werkzeugwechseln, die besonders zeitintensiv sind, sollte jeder einzelne Schritt sichtbar gemacht und einer gründlichen Analyse unterzogen werden. Besonders hilfreich sind in diesem Zusammenhang tabellarische Beschreibungen.

● Dritte Maßnahme

Im Mittelpunkt dieser Maßnahme steht die Visualisierung von Verschwendung und deren Eliminierung durch die Anwendung der fünf »S«. Es sind die Tätigkeiten, die zur Kernumrüstzeit, wir können auch sagen zum direkten Werkzeugwechsel, gehören, von denen zu trennen, die der Vor- und Nachbereitung, dem indirekten Werkzeugwechsel, zuzuordnen sind.

Es läßt sich meistens eine ganze Reihe von Tätigkeiten definieren, die während des Maschinenstillstands durchgeführt werden, obwohl sie zu diesem Zeitpunkt überhaupt nicht notwendig sind und genauso während der Vor- oder Nachbereitung getan werden könnten. Oft haben sie sich einfach als Gewohnheit eingeschlichen. Durch die fünf »S« lassen sich auch alle Tätigkeiten eliminieren, die nicht zum Werkzeugwechsel gehören.

● Vierte Maßnahme

Nehmen Sie sich jetzt die Kernzeit vor, und analysieren Sie gründlich, was noch in die Vor- und Nachbereitungszeit ausgelagert werden kann.

● Fünfte Maßnahme

Jetzt analysieren Sie nochmals die Tätigkeiten bei der Vor- und Nachbereitung, achten Sie dabei besonders auf Organisation, Ordnung und Zeitaufwand.

Nach meinen Erfahrungen können schon durch die konsequente Anwendung der fünf »S« bis zu 50 Prozent der Umrüstzeiten gespart werden. Die elementaren Regeln lauten:

● Entfernen.

Unnötige Dinge sind sofort vom Arbeitsplatz zu entfernen. Benutzen Sie die Rote-Karten-Strategie.

- Visualisieren.

Bringen Sie Schilder und Hinweise an, so daß Werkzeuge und Teile jederzeit räumlich lokalisierbar sind.

- Ordnen nach Farben.

Waren- und Maschinengruppen werden nach Farben geordnet.

- Vorausschauende Ordnung.

Die am Arbeitsplatz vorhandenen Werkzeuge werden in ständig benötigte und nicht im Gebrauch befindliche getrennt und geordnet.

- Spezialisierung.

Werkzeuge werden für bestimmte Zwecke entworfen und hergestellt.

Nach diesen scheinbar selbstverständlichen Regeln möchte ich nun noch ein paar weitere Handlungsanweisungen folgen lassen, die Sie vielleicht ebenfalls zu Regeln machen wollen.

Null-Schritt-Fertigung: Bewegt die Hände, nicht die Füße

Bei einem schlechten Formenwechsel müssen oft große Distanzen zu Fuß zurückgelegt werden, um etwas zu holen. Die benötigten Formen sind in einem weit entfernten Lager untergebracht, der Werkzeugschrank steht am anderen Ende der Halle usw. Jeder Schritt kostet eine Sekunde!
Bringen Sie die Werkzeuge dort an, wo sie gebraucht werden, damit man sie ohne zu laufen erreichen kann, oder konstruieren Sie einen mobilen Werkzeugwagen, der alles Notwendige enthält.
Ich habe oft erlebt, daß die notwendigen Schalter und Steuerpulte, die bei einem Werkzeugwechsel bedient werden mußten,

weit von der Maschine entfernt waren. Schaffen Sie einen zusätzlichen Schaltkasten vor Ort.

Man sollte die Arbeiten auch so einrichten, daß sie nicht von verschiedenen Seiten ausgeführt werden müssen. Statt davor und dahinter sollte man lieber nebeneinander arbeiten.

Behandle einen Bolzen wie ein großes Hindernis

Bolzen stellen ein großes Hindernis für die Erneuerung des Werkzeugwechsels dar, deshalb muß man sie radikal abschaffen. Ist dies nicht möglich, dann muß man ihre Zahl soweit wie möglich reduzieren und sie so abändern, daß sie durch ein einmaliges Drehen befestigt oder gelöst werden können. Fragen Sie sich zum Beispiel immer, warum zwölf Bolzen verwendet werden und nicht nur zehn. War es immer so, hat es ästhetische Gründe? Wesentlich effektiver als Bolzen sind automatische Halterungen und Haltehebel.

Ein paar Beispiele aus der Praxis:
- Im Loch einer Imbus-Schraube sammelten sich Schmutz und Späne. Vor jedem Wechsel mußte sie gereinigt werden. Dann schweißte man den Schlüssel einfach auf der Schraube fest.
- Ein Schraubbolzen mußte durch ein Loch ohne Gewinde gesteckt werden, wo er dann mit einer Mutter befestigt wurde. Als Verbesserung wurde die Mutter einfach auf das Loch geschweißt, sie konnte nicht mehr verrutschen oder verlorengehen.
- Zum besseren Einlegen einer Unterlegscheibe wurde diese seitlich aufgefräst.
- Bei einem Fräsaufsatz mußte jede einzelne Schraube entfernt und wieder eingesetzt werden. Das kostete pro Wechsel 240 Sekunden. Dann wurde seitlich neben jedes Halteloch der Schrauben ein größeres Loch gebohrt, durch das der

Kopf der Schrauben paßt. Jetzt werden die Schrauben nur noch gelöst, der Spannring leicht gedreht und abgezogen. Der Aufsatzwechsel braucht nur noch vierzig Sekunden. Da dieser Wechsel an zehn Plätzen rund zwanzigmal pro Tag stattfand, wurden insgesamt rund elf Arbeitsstunden gespart.

- Durch die Vereinheitlichung der Schraubenhöhe ist es beim Werkzeugwechsel möglich, die Zeiten deutlich zu verkürzen. Einheitliche Schraubenhöhen lassen sich erreichen durch ein Zwischenstück zwischen Mutter und Grundplatte, durch genormte Höhe einzelner Bauteile oder durch Aussparungen oder Einfräsungen an zu hohen Bauteilen.

- Statt ein Werkzeug auf einem Tisch mit Schrauben zu befestigen, reichen oft eine Justierung und ein Feststellhebel, mit dem das Werkzeug eingespannt wird.

- Ein Anschlag zur Führung eines Hohlprofils wurde mit vier Schrauben auf dem Werktisch befestigt. Es waren noch zwei weitere Einstellungen des Anschlags möglich, dafür befanden sich auf dem Tisch zwei weitere Vierergruppen von Gewindelöchern. Der Wechsel von einer Position zur anderen dauerte 22 Minuten. Als Verbesserung wurde die Anschlagplatte mit zusätzlichen Bohrungen in Schraubenkopfgröße neben den Haltelöchern versehen, so daß die Schrauben nur gelöst werden mußten, um den Anschlag zu verschieben und abzunehmen. In jeder Halteposition waren vier Schrauben bereits vormontiert. Der Anschlag wurde nur aufgesetzt, eingeschoben und festgezogen. Das notwendige Werkzeug brachten wir seitlich am Tisch an. Die Wechselzeiten reduzierten sich durch diese simplen Maßnahmen auf fünf Minuten.

- An einer Maschine saßen zwei Platten aufeinander. In die untere waren Führungen gefräst, in denen der Kopf einer Gewindeschraube saß. In der oberen Platte waren zwei Löcher zum Durchstecken der Schrauben. Diese Haltelöcher ließen wir seitlich ausfräsen, so daß die Mutter nicht ganz abgenommen werden mußte, um die obere Platte abzuziehen. Statt 200 Sekunden dauerte der Wechsel jetzt nur noch dreißig Sekunden. Da aber sechs Wechsel täglich an zehn Plätzen durchgeführt wurden, lag die tatsächliche Zeitersparnis bei rund 2,8 Arbeitsstunden.

Arbeitsschritte parallel und nicht seriell anordnen

Ich habe oft beobachtet, daß ein Werkzeugwechsel von einem einzigen Mitarbeiter allein durchgeführt wurde. Alle Arbeitsschritte erfolgten seriell, also nacheinander. Sicher könnten davon auch etliche parallel ausgeführt werden. Die Rüstzeiten werden drastisch verkürzt, wenn mehrere Leute sich eine Arbeit teilen.

Dazu ist allerdings eine detaillierte Neuplanung und Neuverteilung aller Arbeitsschritte notwendig. Die effektive Ersparnis lag in einem konkreten Fall, bei dem zunächst ein einzelner Mitarbeiter 32 Minuten brauchte, anschließend bei zwölf Minuten, als drei Leute eingesetzt wurden. Einer dieser drei Leute hatte seine Arbeit bereits nach acht Minuten erledigt.

Man muß sich auch stets überlegen, ob ein Arbeitsschritt in seiner gesamten Komplexität überhaupt notwendig ist. Ein Beispiel, das mir dazu einfällt, ist der Halterwechsel bei einer NC-Drehbank. Früher wurde der gesamte Halter gewechselt. Das dauerte fünfzig Minuten. Heute wechselt man nur noch den Einsatz. Das dauert nur noch drei Minuten.

Null-Nachjustierung: Ein Standard ist unbeweglich

Es ist eine weitverbreitete Auffassung, daß ein Nachjustieren beim Werkzeugwechsel unvermeidlich ist. Justiert wird in der Position und in der Höhe. Objekte dieser Tätigkeit sind Metallformen, Schneidewerkzeuge, Halterungen usw. Der häufigste Grund für Justierarbeiten liegt in der Änderung der Höheneinstellung.

Ziel unserer Arbeit muß es sein, Veränderungen in den Positionsdaten zu vermeiden und zu sogenannten Standards zu kommen. Ohne Standardisierung wird es beim Werkzeugwechsel keine vollständige Erneuerung geben. Was zu verändern ist, wissen die Mitarbeiter, die die Arbeit machen, am besten. Ihre Erfahrungen müssen unbedingt eingebunden werden.

Hier einige Praxisbeispiele:

- Ein Endschalter mußte aufgrund von Erfahrungswerten und Maßangaben justiert werden, der Zeitbedarf lag bei sechs Minuten. Dann wurde eine Stoppeinrichtung vorinstalliert. Der Zeitaufwand reduzierte sich auf zwölf Sekunden.
- In einer Presse wurden zwei Werkzeuge mit unterschiedlicher Höhe verwendet. Entsprechend wurde die Maschine nachjustiert, was sehr zeitraubend war, außerdem produzierte man beim Herumprobieren Ausschuß. Die Lösung war sehr einfach. Das niedrigere Werkzeug wurde mit Abstandblöcken auf die gleiche Höhe wie das größere gebracht. Durch die Einheitlichkeit entfällt das Justieren ganz.
- Ähnlich war es mit einem Werkzeug auf einem Tisch. Als Hilfe verwendete man Justierlinien. Jetzt hat man am Werkzeug zwei Justiernuten angeschweißt und auf dem Tisch zwei Justierbolzen. Auch hier reduzierte sich die Justierzeit auf Null.

Um die Fertigungstoleranzen an verschiedenen Werkstücken zu prüfen, wurde das Meßgerät an einem senkrechten Rohr mittels einer Stellschraube immer wieder neu justiert. Heute bleibt das Gerät in seiner höchsten Position stehen. Es werden nur noch Abstandsblöcke, die im Sinne des visuellen Managements farblich markiert sind, unter die jeweilige Werkstücke gelegt.

Kleine Veränderungen

Viele der Leser werden bei der Begutachtung der Beispiele in
diesem Kapitel enttäuscht sein, keine einzige geniale Idee, sondern immer wieder nur simpelstes Handwerk. Hier etwas ausfräsen, dort nur etwas unterlegen. Deutsche Ingenieure würden
lieber die ganze Maschine neu konstruieren, als solche »primiti-
ven« Umbauten vorzunehmen, das ist aber gar nicht nötig.
Billige Lösungen ist meine Forderung – und wirksame. Es
reicht nicht, eine Änderung an einer Maschine vorzunehmen,
dann sparen Sie vielleicht nur sechsmal dreißig Sekunden, also
drei Minuten pro Tag. Wird die Lösung aber standardisiert und
an zehn Plätzen eingeführt, dann sparen Sie schon eine halbe
Stunde. Das sind in einem Monat zehn Stunden, ohne daß die
Mitarbeiter mehr arbeiten müssen, sie werden nur produktiver.
Ich hoffe, daß die Funktionsweise und Vorteile der einfachen
Verbesserungen damit deutlicher geworden sind. Es sind Verbesserungen, die gerade von den Leuten, die die Arbeit tun,
angeregt und durchgeführt werden können. Man muß sie nur
lassen. Für manche Mitarbeiter ist diese neue Erwartung, die
an sie gerichtet wird, ein wahrer Kulturschock.
Man hat mir dazu ein Beispiel aus einer Firma im Norden
Deutschlands erzählt, in der Fischverarbeitungsmaschinen hergestellt werden. Jede dieser Maschinen wird individuell nach
den Wünschen des Kunden konstruiert. Ich hätte nie gedacht,
daß die Unterschiede zwischen den Fischen, selbst zwischen
Fischen derselben Art, in den verschiedenen Weltmeeren so
groß sein können.
Der verantwortliche Konstrukteur legt also fest, wie ein bestimmtes Teil der neuen Maschine aussehen soll, und gibt diese Anweisung an eine technische Zeichnerin weiter, die die entsprechenden Konstruktionspläne auszuarbeiten hat. Jeder Konstrukteur
hat nun bestimmte Eigenarten, Vorlieben und Vorstellungen, so
daß das Maschinenteil eine Art persönliche Handschrift trägt.

Der Erfolg, oder sagen wir lieber Mißerfolg, war bisher, daß Teile mit gleicher Funktion von verschiedenen Konstrukteuren konzipiert zum Beispiel mit unterschiedlichen Schrauben zusammengehalten wurden. Bei Reparatur- oder Wartungsarbeiten mußte man genau wissen, um welche Maschine, nicht um welchen Maschinentyp, es sich handelte, um die richtigen Teile bereitzustellen. Das Ersatzteillager quoll über.

Bei einer rechtzeitigen Standardisierung wäre nur die Hälfte des Lagerbestandes nötig gewesen. Dann begann man zu standardisieren und ging sogar noch einen Schritt weiter. Früher war es gar nicht selten so gewesen, daß die Teile einer Maschine überhaupt nicht zueinander paßten. Das merkte man aber erst, nachdem sie produziert worden waren. Kommentar einer technischen Zeichnerin: »Das habe ich schon auf der Zeichnung gesehen, aber ich hatte die Anweisung, so zu zeichnen.«

Jetzt wurde die Kompetenz der technischen Zeichner erweitert. Wenn für sie erkennbar ist, daß ein Teil nicht funktionieren wird oder daß ohne Grund nicht die Normteile verwendet werden, haben sie dies zu melden. Allerdings ist diese durchaus sinnvolle Regelung möglicherweise falsch eingeführt worden, denn jetzt fürchten die technischen Zeichner um ihren Arbeitsplatz. Man hat ihnen nämlich eingeschärft, daß sie jetzt verantwortlich seien für die Richtigkeit der Konstruktion, und wer Fehler macht, fliegt raus.

Die Last der Verantwortung wurde von den Schultern der vorgesetzten Konstrukteure genommen und nach unten verlagert. Die bange Frage der Mitarbeiter lautet nun: »Und was ist, wenn ich nicht in der Lage bin, einen Konstruktionsfehler zu entdecken?« Hier hat man das Richtige gewollt, aber das Falsche getan. Man hat vergessen, daß der Mensch im Mittelpunkt stehen soll. Vorher wurden die Mitarbeiter als Zeichenroboter mißbraucht, jetzt sind sie die Schuldknechte. An ihrer Unmündigkeit hat das nichts geändert.

2.

In der Automobilfabrik

Einer der Kernpunkte jeder Automobilfabrik ist die Stelle, an der Karosserie und Motor zusammengeführt werden. Ich merkte zuerst gar nicht, wo ich war, denn die ganze Halle war mit riesigen Produktstapeln und Halbfertigteilen vollgestellt. Man sah auch niemanden arbeiten, obgleich hier laut Plan zwanzig Mann am Werk sein sollten.

Es war, als wenn man ein Kino betritt, während ein Film läuft, erst wenn sich die Augen an das Dämmerlicht angepaßt haben, findet man seine Sitzreihe. Nachdem sich meine Augen an das Durcheinander dieser Halle gewöhnt hatten, entdeckte ich zwischen allen Stapeln sogar einige der Arbeiter. Der erste Mann, den ich traf, hatte eine Zigarette im Mund und schleppte einen schweren Auspuff von einem Behälter fünf Meter am Fließband entlang, um ihn dann anzubauen. Für das nächste Modell holte er den Auspuff von einer anderen Lagerstation und mußte jetzt sogar zehn Meter weit laufen.

In der Pause unterhielten wir uns. Er machte diese Arbeit schon seit sechzehn Jahren. Dreihundert- bis vierhundertmal am Tag schleppte er einen Auspuff heran und baute ihn an. Ich wollte mit ihm ein paar Verbesserungsvorschläge diskutieren, aber das interessierte ihn nicht, er dürfe nur das machen, was er von oben gesagt bekommt. Ich war erstaunt und entsetzt, da macht einer seit sechzehn Jahren dieselbe Arbeit und hat nicht ein einziges Mal über eine Verbesserung oder Erleichterung nachgedacht. Ich fragte, was ihm denn so den ganzen Tag durch den Kopf gehe. Am liebsten würde er eine Reparaturwerkstatt für Autos eröffnen, sagte er, aber leider kann er keine Autos reparieren. Er brauche nur ein Auto von unten zu sehen, schon wüßte er, um welches Modell es sich handelt, das sei aber auch schon alles, was er gelernt habe. Irgendwie tat mir der Mann leid.

Fünfhundert Meter weiter in derselben Fabrik war die Montageabteilung für die Sitze. Sie standen fein säuberlich aufgereiht am Fließband, man konnte schon erkennen, welches Automodell in zwei Stunden auf dem Fließband vorbeiziehen würde. An fast jedem Arbeitsplatz stand ein Drucker, der kontinuierlich die Fertigungslisten ausspuckte. Was für ein Unterschied zur Auspuffmontage.

Jeder Auspufftyp wurde in einem großen Behälter angeliefert, der fünfzig bis sechzig Stück vom selben Modell enthielt. Hergestellt wurde der Auspuff in einem Teil der Fertigung, der rund einen Kilometer von der Montage entfernt lag. Immer wenn ein Container voll war, brachte ihn ein Gabelstapler in die Montage und stellte ihn irgendwo ab. So ging es auch mit vielen anderen Teilen, ich brauchte mich also nicht zu wundern, daß kein Platz vorhanden war.

Ich konnte folgenden Vorschlag realisieren: Die Auspufffertigung stellt genau die Modelle her, die in den nächsten zwei Stunden eingebaut werden müssen. Die Auspuffanlagen werden in der Reihenfolge des Einbaus auf ein Tablett gelegt, das anschließend als Rutsche funktioniert. Dieses Tablett wird direkt an das Fließband angeliefert. Durch diese Änderung konnten in der Fertigung sieben Mitarbeiter eingespart werden und in der Montage drei. Anschließend war beim Betriebsrat der Teufel los. Ich höre heute noch, wie sie mir im Chor nachriefen: »Japaner raus!«

An einer anderen Stelle der Montage lief das Fließband etwas langsamer. Trotzdem rannten alle Arbeiter wie wild hin und her, um von verschiedenen Stellen Teile zu holen und diese anzuschrauben. Der Abteilungsleiter war richtig stolz auf das Tempo seiner Leute. Als ich ihm sagte: »Die Leute arbeiten nicht, die laufen nur«, verstand er mich gar nicht. Jetzt befinden sich alle Teile am Fließband, und es wurden Elektroschrauber beschafft. Die Leute laufen nicht mehr, aber das Band läuft mit normalem Tempo.

Bei der Montage des Armaturenbretts gab es immer wieder Probleme, weil die dafür getaktete Zeit nicht ausreichte. Die Monteure blieben zu lange im Wagen und konnten erst 15 Meter weiter aussteigen, dann waren sie aber schon in der nächsten Abteilung. Es war in der vorgegebenen Zeit ganz einfach zu schwierig, mit dem Rücken auf dem Wagenboden liegend, den Kopf nach unten und dann eingequetscht über sich die Schrauben einzudrehen. Wer hat diesen Instrumententräger gebaut, fragte ich, man nannte mir den Namen des Chefingenieurs in der Forschungs- und Entwicklungsabteilung. Ich besuchte ihn und machte ihm das Angebot, ihm einige interessante Dinge zu zeigen, wenn er Zeit hätte. Er war bereit, seine kostbare Zeit mit mir zu teilen.

Also gingen wir an das Fließband, und ich drückte ihm genau den Schraubenzieher in die Hand, den er in seiner Einbauanleitung vorgeschrieben hatte: »Bitte zeigen Sie mir, wie Sie damit das Armaturenbrett in der von Ihnen vorgegebenen Zeit montieren.« Er beugte sich tief in den Wagen, und das Band trug ihn fort, nach 25 Metern tauchte er aus dem Wagen wieder auf, aber das Teil war noch nicht befestigt. Der Grund war ganz einfach, er hatte die Taktzeit in seinem Büro mit der Stoppuhr ermittelt, als das Armaturenbrett auf seinem Arbeitstisch lag und er aufrecht davorstand.

Nach dieser Erfahrung wurde die Taktzeit sofort geändert. Wir haben dann noch ein paar weitere Kleinigkeiten verbessert, statt erst am Band Aschenbecher und Zigarettenanzünder zusammenzumontieren, ließen wir die Teile schon vormontiert anliefern. Er war ein guter Ingenieur und offen für Anregungen.

Wir sagen in Japan, der liebe Gott soll nicht nur im Himmel sitzen. Ich glaube, diese Anregung ist beherzigt worden.

Das schönste an dieser kleinen Begebenheit ist aber, daß die Arbeiter am Band und der Betriebsrat nun auf meiner Seite standen, weil sie gesehen haben, daß Verbesserungsvorschläge nicht nur dazu dienen, die Arbeit zu intensivieren, sondern sie auch leichter zu machen. Daß der Chefingenieur dafür einmal eine komische Figur abgeben mußte, habe ich in Kauf genommen.

Vor einiger Zeit glaubte noch jeder in der Automobilindustrie, vom Vorstand bis zum ungelernten Arbeiter, daß Förderbänder ein Zeichen von High-Tech, Lean Production und Automatisierung seien. In Wirklichkeit sind sie ein riesiger Materialpuffer und damit Verschwendung ersten Grades. Zur Montage der kompletten Radaufhängung wurden in dieser Autofabrik die Achsschenkel über ein Förderband herangeführt und zwischen den einzelnen Arbeitsstationen weitergereicht. Ich fragte die Arbeiter, woher diese Teile kämen, sie wußten es nicht, meinten aber von einem Zulieferer, das heißt, das Förderband kam vom Wareneingang, und der lag in nordöstlicher Richtung.

Also machte ich mich auf und verfolgte das Förderband zurück. Es war insgesamt 1,5 Kilometer lang. Bis das erste Teil den Montageplatz erreicht, wurden 750 Achsschenkel auf das Band gehängt, immer in einem Abstand von zwei Metern. Man glaubt, das Förderband transportiere die Teile ohne menschliche Arbeit, dabei wird aber vergessen, daß an jedem Ende Menschen stehen, die nichts anderes tun, als Teile einzuhängen und wieder herauszunehmen. Das ist Verschwendung, war aber für alle Beteiligten nicht einzusehen. Also bat ich um einen Gabelstapler, um die Teile direkt statt per Band in die Montage zu bringen. Man sah mich an, als wäre ich verrückt. Statt das Fließband als Teil der schlankeren Produktion zu nutzen, wollte ich mit dem Stapler fahren. Meine Aufgabe sei es doch, neue japanische Methoden einzuführen und nicht noch zusätzliche Arbeit zu schaffen.

Nachdem ich zwei Tage als Gabelstaplerfahrer tätig war, wurde deutlich, daß sich durch die direkte Anlieferung und Abholung vom Arbeitsplatz die Zeit zwischen Wareneingang und -ausgang enorm verkürzen ließ. Und weil ich mit dem Stapler auch zwischen den einzelnen Arbeitsstationen herumwieselte, kamen die Mitarbeiter auf die Idee, die Wege zu verkürzen, indem sie ihre Maschinen näher zusammenrückten. Von ganz allein war das Prinzip der Teamarbeit entstanden. Damit war auch das Förderband auf einmal überflüssig geworden.

In einem anderen Teil der Fabrik kam es immer wieder zum Maschinenstillstand, der manchmal nur fünf Minuten dauerte, manchmal aber auch dreißig. Die Ursache waren schlechte Zulieferteile, die in der Maschine verklemmten. Man konnte aber mit den Unterbrechungen ganz gut leben, weil man entsprechende Materialpuffer hatte, die die kontinuierliche Versorgung sicherstellten. In den defekten Teilen sah man auch kein besonderes Problem, sie wurden von einigen Mitarbeitern nachgearbeitet und konnten anschließend verwendet werden. Die Kosten der Nacharbeit zog man dem Zulieferer einfach von seiner Rechnung ab. Der war damit sehr zufrieden, hatte er sich doch weder mit Reklamationen noch mit Nacharbeiten zu befassen. Die Rechnungsabzüge waren für ihn eine Art Naturalrabatt. Ich unterhielt mich mit einem der Mitarbeiter, der die Nacharbeit durchführte, und fragte, ob er nicht lieber eine wertschöpfende Arbeit tun würde. Nein, er war ganz zufrieden. Solange der Zulieferer bei dieser Qualität bliebe, sei sein Arbeitsplatz sicher. Er werde deshalb auch niemandem verraten, was den Maschinenstillstand hervorruft und was man an den Teilen besser machen könnte.

Als ich die Maschinen immer näher zusammenrücken ließ und die Losgröße = 1 mit Null-Puffer einführte, gab es natürlich anfangs riesige Probleme, und ich war an allem schuld. Ständig gab es Störungen, weil ein einziges defektes Teil den ganzen Produktionsfluß zum Stocken brachte. Die Ursachen waren manchmal minimal. So wurde ein Teil vom Hersteller zum Transportschutz an den Kanten mit Wachs beschichtet. War die Wachsschicht zu dick, verschmierte sie anschließend die Maschine. Die Lösung war einfach. Statt Wachs wurden Styroporstreifen zum Transport eingelegt. Alle Teile liefen reibungslos durch die Weiterverarbeitung. Beanstandungen wurden direkt an den Zulieferer gegeben und dort grundsätzlich beseitigt. Insgesamt löste der Automobilbauer rund dreißig Reparaturarbeitsplätze auf. Entlassen wurde aber niemand, alle fanden eine neuen Arbeitsplatz innerhalb ihrer Firma.

Der Dinosaurier-Killer

Bei einem deutschen Automobilhersteller mußten zahlreiche verschiedene Werkstücke, nachdem sie geschliffen worden waren, zunächst gereinigt werden, bevor sie weiterverarbeitet werden konnten. Zu diesem Zweck stand eine riesige Reinigungsanlage in der Mitte der Halle. Es war ein richtiger Dinosaurier, der langsam und behäbig arbeitete und dessen Ausdünstungen die Luft verpesteten.

Der gesamte Arbeitsablauf in diesem Teil der Produktion war etwa wie folgt: Die Teile wurden in einen Schleifautomaten gelegt und dort ca. 25 Sekunden bearbeitet. Danach kamen sie in einen Transportbehälter, der 500 Teile faßte. War er voll, brachte ihn ein Gabelstapler zur Reinigungsanlage. Weil diese mit starken chemischen Reinigungsmitteln arbeitete, die die üblichen Transportbehälter zu sehr angegriffen hätten, wurden die Teile in einen Spezialbehälter umgefüllt. Insgesamt vier Mitarbeiter waren für das Umpacken in den Spezialbehälter und für das Entpacken zur weiteren Bearbeitung in normale Behälter zuständig.

Die Reinigungsanlage war so ausgelegt, daß jeweils 4000 Teile gleichzeitig gereinigt werden konnten. Allerdings war anschließend noch eine Qualitätskontrolle notwendig, denn ungefähr 10 Prozent der eingelegten Teile wurden nicht richtig sauber. Seit zehn Jahren war an diesem Verfahren nichts geändert worden, und ich fragte mich, weshalb nicht wenigstens das Umladen eingespart wurde, indem man gleich die Spezialbehälter bestückt.

Während des Schleifvorgangs schaute der Mann seiner Maschine beim Arbeiten zu. Gab es in der Zeit nichts anderes zu tun? Nein, 25 Sekunden sind zu kurz für andere Tätigkeiten, außerdem beobachte er die Maschine, damit sie optimal läuft, beschied er mir.

Am nächsten Morgen holte ich mir einen Eimer mit Wasser und Haushaltsreiniger sowie eine Bürste aus einer Hallenecke. Damit ging ich an die Schleifmaschine. Nach acht Sekunden hatte ich ein Teil besser und gründlicher gesäubert, als es die große Maschine schaffte. Innerhalb von zwanzig Sekunden konnte man es bequem schaffen, das Teil auch noch ausgiebig zu inspizieren.

Mit einem Eimer Wasser und einer Bürste habe ich nicht nur eine große Reinigungsanlage gekillt, der Mann an der Maschine füllt seine Zeit sinnvoll aus, er ist für die Qualität eigenverantwortlich, der Puffer ist von 4000 Stück auf Null geschrumpft. Vier Mitarbeiter können statt umzupacken wertschöpfend arbeiten, und die Luft in der Halle läßt sich besser atmen. Auch der Mythos, daß nur mit großen Anlagen wirtschaftlich produziert werden kann, dürfte in seiner Glaubwürdigkeit wieder ein wenig mehr erschüttert worden sein.

3.

Kaizen im Büro

Das Ziel von Kaizen im Büro kann nur darin liegen, die gesamte Büroarbeit einfacher, aber auch interessanter, vielfältiger und damit menschlicher zu machen. Ein wichtiger Schritt dahin ist die schon häufiger beschriebene Visualisierung. Wie in der Produktion dient sie der Ordnung und der Transparenz von Arbeitsabläufen. Gerade im Büro ist nämlich weit weniger offensichtlich, was gearbeitet wird und mit welcher Qualität sowie welchen Nutzen die Arbeit bringt.
Ein weiterer wesentlicher Schritt ist die Manualisierung. Ich gebe zu, hier sind wir Japaner vorbelastet. Unsere Schriftzeichen sind nur sehr bedingt dazu geeignet gewesen, mit der Schreibmaschine oder dem Fernschreiber geschrieben zu werden, deshalb blieben die handschriftlichen Aufzeichnungen auch im geschäftlichen Bereich gängige Praxis. Fotokopierer und Telefax haben hingegen zur Informationsvervielfältigung und -übertragung in Japan schon viel früher als im Westen eine tragende Rolle gespielt.
Maschinengeschriebene Aktennotizen waren in Deutschland lange Zeit die Regel, erst mit dem Aufblühen der Personalcomputer und dem Niedergang der Schreibmaschine erlebten sie ihr vorläufiges Ende. Dafür entstanden neue Formulare. Vorgedruckte Haftzettel mit den vielfältigsten Aufschriften füllen die Schreibtischschubladen. Deshalb lautet der nächste Schritt: Abschaffen unnötiger Formulare und Dokumente.
Generell muß bei der Büroarbeit effizienter und intelligen-

ter gearbeitet werden. Ich möchte noch einmal betonen, daß ich mit Büroarbeit nicht den Inhaltsaspekt der Tätigkeit am Schreibtisch meine, sondern eher den »handwerklichen« Teil, der überall dort stattfindet, wo Informationen gewonnen, bearbeitet, weitergeleitet und aufbewahrt werden.

Um es an einem Beispiel zu verdeutlichen: Ein Unternehmen möchte ein Angebot an einen Kunden abgeben. Der Inhaltsaspekt dieser Arbeit besteht darin, festzulegen, welche Produkte das Unternehmen in welcher Qualität und Menge, wann und zu welchem Preis liefern kann. Dazu, was dieses Angebot enthält, ob es gut ist und den Kundenwünschen entspricht, kann ich keinen Kommentar abgeben – zum handwerklichen Teil dieser Angebotsabgabe schon.

Waren alle notwendigen Informationen griffbereit oder mußten lange Telefonate kreuz und quer durch das Unternehmen geführt werden? Mußten die unterschiedlichsten Akten gesucht werden, waren viele Besprechungen notwendig, weil der eine nicht wußte, was der andere tut? Und wurde dann das Angebot vielleicht in einer Form abgegeben, die zwar den Regeln und Gepflogenheiten des Unternehmens entsprach, aber vom Kunden überhaupt nicht verstanden wurde? All diese äußeren Aspekte sind es, die Kaizen verbessern kann.

Was wir letztendlich erreichen wollen, sind mehr Kundenorientierung und mehr Zeit für den Kunden.

Office Visualisation

Wie in der Fertigung beginnen wir auch im Büro mit der Fünf-»S«-Methode. Stellen Sie sich folgende Fragen:

Sind alle unnötigen Dokumente, Papiere, Akten und Ordner beseitigt?

Wo ich auch hinkomme, immer wieder bin ich erstaunt, wieviel altes und überflüssiges Material in Büros herumliegt. Bei einem Rechtsanwalt sind es die noch nicht eingeordneten Ergänzungslieferungen zu Loseblattsammlungen, in die er noch nie reingeschaut hat. Bei einem Architekten sind es Bebauungspläne von Gebieten, die längst erschlossen sind, oder Geschoßaufrisse von Gebäuden, die man schon längst bezogen hat. In einer Werbeagentur stehen Präsentationsunterlagen herum von Kampagnen, die längst gelaufen sind.

Überall findet man Konzepte, Entwürfe, Personalakten von Mitarbeitern, die das Haus schon lange wieder verlassen haben, Rechnungen, die längst bezahlt sind, Prospekte von Maschinen, die längst veraltet sind. Alles, was nicht aktuell gebraucht wird, sollte in Kisten verpackt und eingelagert werden. Auch in einem Pappkarton wird die gesetzliche Aufbewahrungspflicht von Steuerunterlagen erfüllt.

Sind die Büroutensilien von jedem Mitarbeiter richtig sortiert?

Ich weiß, diese Frage hört sich sehr pedantisch an. Aber schauen Sie einmal selbst in die Schubladen Ihres Schreibtisches, was sich da so alles angesammelt hat. Fast könnte man meinen, es hätte sich alles heimlich eingeschlichen. Bei solchen Aufräumaktionen haben wir schon bis zu dreißig Kugelschreiber bei einem Mitarbeiter entdeckt. Wieviel Heftmaschinen werden gebraucht? Zwei. Ja, weil eine immer leer ist! Trägt man alles zusammen, was noch verwendbar ist, kann man den Einkauf von Büromaterial meist für längere Zeit einstellen.

Sind Dokumentenberge im Schreibtisch?

Meist handelt es sich bei diesen lose oder in Mappen liegenden Schriftstücken nicht um die Originale. Es sind Kopien, die gemacht wurden, weil man zu bequem ist, zum Ordner zu gehen, oder weil man sie im Ordner nie wiederfindet. Und sie haben noch eine Eigenschaft, meist sind sie völlig überholt und unnütz. Ein Mitarbeiter sammelte auf einem Heftstreifen die wöchentlichen Essenpläne der Kantine. Er war ein ordentlicher Mensch und konnte noch im November nachschlagen, welchen Fisch er am ersten Freitag im Februar gegessen hatte. Manchen Leuten macht das Ordnen wirklich Freude. Das genaue Gegenteil gibt es aber auch. Da wurde an einem Schreibtisch der Rolladen nur einen kleinen Spaltbreit geöffnet und festgeklemmt. Als ich fragte, was das soll, erklärte mir die zuständige Dame, das sei ihre Ablage. Alle Schriftstücke, die sie nicht mehr brauchte, schob sie durch diesen Spalt wie bei einem Briefkasten. Geleert wurde immer dann, wenn das Abteil des Schreibtisches voll war oder wenn wider Erwarten etwas gesucht wurde.

Ist der Fußboden richtig sauber?

Nun gut, das ist eine Frage, die ich in einem Vorstandssekretariat vielleicht nicht stellen muß. Aber die Sauberkeit des Fußbodens ist für mich immer ein Indikator für die Grundeinstellung, die der eigenen Arbeit entgegengebracht wird, und dem Wert, den man dem Aufenthalt am Arbeitsplatz beimißt.
In einem mittelständischen Unternehmen standen im Eingangsbereich zum Bürotrakt mehrere Paare von riesigen Filzpantoffeln. Sie waren für die Mitarbeiter aus der Fertigung gedacht, die zu kurzen Besprechungen in das Haus kamen. Man wollte ihnen umständliche Schuhwechsel ersparen, aber

man wollte auch keine ölverschmierten Fußabdrücke in den Korridoren und Zimmern haben.

In Japan wird man diese praktischen Filzpantoffeln allerdings vergebens suchen. Sie sind schlicht überflüssig, weil die Produktionshallen genauso sauber sind wie die Büros. Man wird aufgrund der Beschaffenheit des Fußbodens eine Schlosserei nicht von einem Lebensmittelbetrieb unterscheiden können.

Sind alle Schreibtische und Aktenschränke sauber und ordentlich sortiert?

Eigentlich sollten sie es jetzt sein, wenn die vorhergehenden Schritte befolgt worden sind. Es müßte eine Menge Platz entstanden sein, so daß wir nun den nächsten Schritt tun können, nämlich die Akten ordnen.

Ist die Zeit der Aufbewahrung bzw. der Zeitpunkt für die Vernichtung der Akten auf dem Ordner definiert?

Diese Frage hat den Zweck, daß Sie sich einerseits Gedanken machen sollen, wann die aufbewahrten Informationen ihre Aktualität verlieren, und zum anderen, daß Schriftstücke mit unterschiedlicher »Lebensdauer« in unterschiedliche Ordner kommen und vielleicht nicht ein ganzer Ordner aufbewahrt wird, nur weil ein oder zwei Schriftstücke bestimmte Fristen überdauern müssen. Um die Ordner voneinander zu unterscheiden, kleben wir in Japan farbige Plaketten auf, wie man es in Deutschland beim TÜV für Autos macht.

Sind die Aktenordner auftragsablaufmäßig und systematisch geordnet?

Nur wenn die Ordnung diese Forderung erfüllt, werden Sie und auch Ihre Kollegen in der Lage sein, das richtige Dokument schnell zu finden.

Können Sie die gesuchten Dokumente innerhalb von zehn Sekunden aus dem Aktenordner herausholen?

Natürlich ist das schnelle Auffinden von Dokumenten eine Frage der Ordnung. Es ist aber auch ein wichtiger Punkt im Zusammenhang mit der Kundenorientierung und im Zweifelsfall mit der Telefonrechnung. Wenn Sie einem Kunden sofort Auskunft geben können, wird er merken, wie wichtig er für sie ist, weil Sie seine Unterlagen sofort zur Hand haben. In anderen Fällen müssen Sie auf Kosten Ihres Unternehmens zurückrufen.

Sind Aktenordner von anderen und für die Kollegen zugänglich?

Informationen und Dokumente sind kein Privatbesitz. Natürlich soll nicht ein Kollege die Arbeit eines anderen durcheinanderbringen. Meist geschieht dies aber nur unabsichtlich, weil der eine nicht weiß, was der andere tut. Also schaffen Sie Transparenz.

Der monatliche Arbeitsplan

Der monatliche Arbeitsplan sollte so gestaltet sein, daß er die nachfolgenden Kriterien erfüllt und Auskunft auf folgende Fragen gegeben werden kann:

- Ist der monatliche Arbeitsplan eines jeden Mitarbeiters einsehbar?
- Kann durch diesen Monatsarbeitsplan eine Verspätung festgestellt werden?
- Kann der Kollege über Ihren Tagesplan dem Kunden antworten?
- Kann man über Ihren Tagesplan feststellen, was heute gemacht und was heute nicht geschafft wurde?
- Kann Ihr Kollege visuell erkennen, ob Sie krank sind, früh nach Hause gegangen oder zurück sind?
- Weiß Ihr Kollege, wo Sie sind, wenn er Sie nicht an Ihrem Arbeitsplatz finden kann?

Mit diesen Fragen stoße ich im kaufmännischen Bereich vieler deutscher Unternehmen, besonders derjenigen, die viele soziale Komponenten bieten, auf erhebliche Schwierigkeiten. Zunächst existiert inzwischen in den meisten Unternehmen Gleitzeit. Das bedeutet, daß jeder Mitarbeiter nur während einer sogenannten Kernarbeitszeit am Arbeitsplatz anwesend bzw. für das Unternehmen tätig sein muß. Arbeitsbeginn und Arbeitsende definiert er selbst. Oft besteht sogar die Möglichkeit, ein durch Überstunden oder Vorarbeit erwirtschaftetes Zeitguthaben in Form von Gleittagen abzubummeln.
Gerade wenn es sich um monotone oder immer wiederkehrende Arbeiten handelt oder die Leistung des Mitarbeiters vielleicht hauptsächlich durch seine Präsenz erbracht wird, besteht die besonders starke Neigung, den Arbeitszeitraum an den persönlichen Bedürfnissen und nicht an den Bedürfnissen

des Unternehmens zu orientieren. Es sollte mehr Raum für die freie Entfaltung der Persönlichkeit entstehen. Mütter und Väter sollten die Gelegenheit haben, ihre Kinder zum Kindergarten zu bringen und vor Ladenschluß Einkäufe zu erledigen. Eventuelle Verspätungen im Rahmen der Gleitzeit gehen allerdings zu Lasten der Mitarbeiter.

Es gibt aber auch eine ganze Reihe Tücken und Tricks, die jeder kennt. Wenn der Leiter einer Abteilung gern spät anfängt, versuchen viele Mitarbeiter möglichst früh am Arbeitsplatz zu erscheinen. »Wenn morgens das Telefon noch nicht klingelt, kann ich am besten arbeiten«, lautet das Standardargument. Natürlich kann man in dieser Zeit auch ungestört frühstücken und Zeitung lesen. Wer will das kontrollieren?

Dafür darf man nachmittags selbstverständlich früher verschwinden. »Tut mir leid, meine Mitarbeiter sind schon zu Hause, wir haben Gleitzeit«, entschuldigen sich viele Chefs, wenn um vier Uhr noch ein Anruf kommt. Genauso ist es mit den Spätarbeitern, sie können ebenfalls sicher sein, nicht mehr behelligt zu werden. Ein Schwätzchen mit der Putzfrau, die dann durch die Räume zieht, ist ebenso drin wie stundenlange Privattelefonate. Weil man es in einem internationalen Unternehmen nicht hinnehmen konnte, daß Empfang und Telefonzentrale am Nachmittag kaum noch besetzt waren, wurde dafür eine zweite Kraft eingestellt, die den Spätdienst übernahm. Während der Mittagszeit, wenn besonders wenig passierte, waren dann beide Damen anwesend. Bei einem bedeutenden Industrieverband meldet sich nachmittags ein Anrufbeantworter: »Wählen Sie bitte die Durchwahlnummer Ihres Gesprächspartners.« Wenn man die nicht kennt, muß man eben einen Tag warten.

Nur in wenigen Betrieben, meist sind es solche, die sich stark an der Fertigung orientieren, sprich an den Maschinenlaufzeiten, existieren im Büro noch feste Arbeitszeiten, die auch meist gleichzeitig mit der Fertigung beginnen. Allerdings haben diese Frühstarter dann Probleme, die flexibler arbeitenden Kollegen in anderen Unternehmen oder Behörden zu erreichen. Gewonnen ist damit wenig.

Unabhängig von der Arbeitszeitregelung sollte versucht werden, für jeden Mitarbeiter einen Monatsarbeitsplan zu erstellen, der auch an seinem Arbeitsplatz aushängt. Je nach Arbeitsplatz enthält dieser Plan vielleicht Projekte, die fertiggestellt werden sollen, oder bestimmte Fallzahlen, auf jeden Fall Größen, die die Leistung widerspiegeln und nicht nur die Dauer der Anwesenheit. Weiterhin soll diese Leistung in bezug zu einem zeitlichen Rahmen gesetzt werden, so daß Verzug rechtzeitig erkennbar wird.

In einem Tagesarbeitsplan sollten alle wiederkehrenden Aufgaben aufgelistet sein und, soweit möglich, Tagesziele sowie vorhersehbare Abwesenheiten vom Arbeitsplatz. Auch dieser Plan sollte für jedermann einsehbar sein.

In großen japanischen Unternehmen befindet sich neben jeder Tür ein Lesegerät für Magnetkarten. Jeder Mitarbeiter, der einen Raum betritt, checkt sich ein und beim Verlassen des Raumes auch wieder aus. Somit weiß die Telefonzentrale immer, wo sie ihn erreichen kann. So aufwendig, wie es sich anhört, ist die technische Seite dieses Verfahrens gar nicht.

Natürlich macht ein monatlicher Arbeitsplan, der fein säuberlich aufgegliedert ist, sehr schnell sichtbar, wer ineffizient arbeitet und wer nicht, weil der Soll- dem Ist-Stand gegenübergestellt wird. Für Mitarbeiter in der Fertigung ist diese Transparenz selbstverständlich, weshalb sollte sie nicht auch im Büro eingeführt werden?

Optimierung der Arbeitsabläufe

Viele Arbeitsabläufe lassen sich dadurch optimieren, daß man sie zunächst standardisiert und dann, wie in der Fertigung, erkannte Verbesserungen allgemeinverbindlich einführt. Stan-

	Ja	1/2	Nein

1. Die fünf »S«

1. Sind unnötige Dokumente/Papiere/
   Akten/Ordner beseitigt?
2. Sind die Büroartikel bei jeder Mit-
   arbeiterin richtig sortiert?
3. Sind die Dokumentenberge im Schreibtisch
   abgeschafft?
4. Ist der Fußboden richtig sauber?
5. Sind alle Schreibtische/Aktenschränke/
   Ablagen sauber und ordentlich sortiert?

2. Aktenordner

1. Ist das Lagern der Aktenordner
   (Aufbewahrung/Vernichtung) definiert?
   1 bis 3 Jahre?
2. Sind die Aktenordner auftragsablaufmäßig
   geordnet?
3. Können Sie gesuchte Dokumente innerhalb
   von 10 Sekunden herausholen?
4. Sind Aktenordner von anderen Kollegen zugänglich?

3. Personalverwaltung

1. Ist der Monatsarbeitsplan von jedem Mitarbeiter einsehbar?
2. Kann man durch diesen Monatsarbeitsplan
   Verspätungen feststellen?
3. Kann der Kollege über Ihren Tages-/
   Monatsplan dem Kunden antworten?
4. Kann man, was heute gemacht und was
   heute nicht geschafft wurde, feststellen?
5. Kann man visual sehen, ob der Kollege krank,
   früh nach Hause etc. ist?
6. Weiß die Kollegin, wo Sie sind, wenn sie Sie
   nicht an Ihrem Arbeitsplatz finden kann?

	Ja	1/2	Nein

4. Ablaufverwaltung
1. Kann jeder Abläufe und Ziele eines Projektes auf dem Plan erkennen und verstehen?
2. Kann man aus dem Planablauf eine Verspätung erkennen?
3. Haben Sie Standardtafeln für Ablaufkontrolle?
4. Ist jede Kontrolltafel lesbar?

5. Arbeitsverwaltung
1. Haben Sie schon den Alltags-Arbeitsablauf manualisiert und standardisiert?
2. Haben Sie Mehrzweckarbeiter (Multiskill) ausgebildet? (durch Learning by Doing System)

6. Büromaschinenverwaltung
1. Kann jeder den PC bedienen? Ist die Gebrauchsanweisung leichtgemacht? PC-Arbeit manualisiert? Kann jeder die im PC gespeicherten Infos abrufen?
2. Sind Fotokopiergeräte/PCs und andere Büromaschinen im Topzustand? Können Sie kleine Pannen selbst reparieren oder beseitigen?

7. Resultatverwaltung
Kann jeder den derzeitigen oder verbesserten Zustand der Dienstleistungen durch eine Arbeitsablauf-Checktafel erkennen?

8. KAIZEN – Kontinuierlicher Verbesserungsprozeß – Ziel
Kann jeder das definierte Ziel des KAIZEN und die jeweilige Ablaufstufe ersehen?
Durch Tafeln oder durch erreichte Prozente?

Chart 11: Wichtige Methoden der OFFICE VISUALISIERUNG

dardisieren heißt nicht, noch ein Formular einzuführen, sondern unnötige Dokumente zu eliminieren.

Eines dieser oft unnötigen Dokumente ist zum Beispiel das Kundenbesuchsblatt, das jeder Außendienstmitarbeiter eines großen Unternehmens nach jedem Kundenbesuch auszufüllen hatte. Das Blatt hatte DIN-A4-Format und war mit einer großen Zahl von Fragen und Rubriken übersät. Nach dem Kundenbesuch saß ich mit dem Außendienstmann in seinem Wagen, und er füllte sehr penibel das Blatt aus. Es dauerte fast zwanzig Minuten. Als er fertig war, fragte ich ihn, warum er das gemacht habe und was jetzt mit diesem Formular geschieht. Er sagte, es gäbe eine Anweisung, daß er das Blatt auszufüllen habe und jeweils am Ende einer Woche alle Blätter an seinen Vorgesetzten schicke.

Als ich wieder im Unternehmen war, fragte ich den zuständigen Vertriebsleiter, ob er alle Kundenbesuchsblätter von allen Außendienstlern lese. »Unmöglich«, war seine Antwort. »Da steht soviel drauf, das kann man gar nicht alles lesen.« Die Blätter wanderten deshalb ungelesen in die Berichtsakten, die eine ganze Schrankwand füllten. Wir diskutierten dieses Problem im Kreis aller Betroffenen. Jetzt notiert sich der Außendienstmann die Ergebnisse des Besuchs in seiner Kundenakte. Ist etwas Wichtiges oder Ungewöhnliches passiert, schickt er eine Notiz an seinen Vorgesetzten, der diese Notiz auch liest. Die Aktenfläche ist auf ein Viertel geschrumpft.

Ein wesentlicher Punkt zur Optimierung der Arbeitsabläufe besteht auch in der Manualisierung. Schreiben Sie mehr mit der Hand, oder benutzen Sie wieder Stempel. Viele Deutsche scheinen sich zu scheuen, mit der Hand zu schreiben. Ich habe eine so fürchterliche Handschrift, heißt es dann, die kann sowieso keiner lesen. Die Handschrift wird besser, wenn man sich Mühe gibt. Ich versichere es Ihnen. »Handschrift sieht immer so inoffiziell aus.« Da muß man eben umdenken.

Man hat mir von einem früheren Direktor der Hamburger

Kunsthochschule erzählt, der auf jedes Schreiben, das er beantworten mußte, seinen Stempel setzte und dann seine Antwort von Hand auf das Original schrieb und dies zurückschickte. Diese Methode hatte er bei der US Army abgeschaut. Das Verfahren reduzierte seine Papierberge erheblich, entlastete seine Sekretärin, zwang ihn, sich kurz zu fassen, und der Empfänger wußte gleich, worauf sich die Stellungnahme des Professors bezog. Vielleicht probieren Sie es auch einmal.

Um Arbeitsabläufe zu optimieren, ist es sinnvoll, Mitarbeiter zu haben, die verschiedene Arbeitsabläufe innerhalb eines großen Unternehmens beherrschen. Das Wort Mehrzweckarbeiter klingt, wie ich weiß, für deutsche Ohren sehr unschön, wenn ich Multiskills sage, freuen sich die meisten. Sorgen Sie dafür, daß auch im Bürobereich Ihres Unternehmens Multiskills ausgebildet werden.

Lassen Sie nicht nur Auszubildende durch das Unternehmen wandern, sondern auch die Leute, die später eingestellt wurden. Um die meisten im Büro anfallenden Arbeiten zu verrichten, braucht man keinen tiefgreifenden Hintergrund. Vieles läßt sich durch Learning by Doing vermitteln. Und je mehr verschiedene Arbeiten jemand verrichten kann, desto größer wird sein Verständnis für die großen Zusammenhänge.

Visuelle Projektverfolgung

Nicht jede Abteilung eines Unternehmens arbeitet an Projekten, aber bei den meisten werden sich Ziele definieren lassen, die innerhalb einer bestimmten Zeit erreicht werden müssen – zum Beispiel der Jahresabschluß in der Buchhaltung. Diese Ziele sollten mit dem davorliegenden Ablauf für jeden Mitarbeiter sichtbar oder zumindest einsehbar gemacht werden. Wichtig ist dabei auch, daß man erkennen kann, ob es Verspätungen im Fortschritt gibt.

Für bestimmte Projektabläufe, die immer wiederkehren, sollten Sie eine Standardablaufplanung entwickeln. Diese sollte auf einer Standardablauftafel sichtbar gemacht werden. Wenn es Verbesserungen gibt, müßten auch diese darauf deutlich erkennbar sein.

Bedienen von Büromaschinen

Ich hatte es bereits erwähnt, daß sich in Deutschland viele Vorgesetzte etwas darauf einbilden, daß gerade sie bestimmte Bürogeräte nicht bedienen können. Es gilt für sie offensichtlich als ein Abzeichen der eigenen Wichtigkeit, keine Zeit zu haben, die Bedienung zu lernen. Für mich ist es nur der Ausdruck von Dummheit und Borniertheit. Vielleicht ist der Vorgesetzte wirklich nicht fähig, einen Computer zu bedienen, dann sollte er in unserer technisierten Gesellschaft so schnell wie möglich ersetzt werden. Wenn er meint, daß das unter seiner Würde ist, könnte es ihm in Japan durchaus passieren, daß er sich am Fließband wieder Klarheit darüber verschaffen darf, welche Bedeutung die Beherrschung von Technik hat.

Ich habe es tatsächlich erlebt, das Chefs ihre Sekretärin am Sonntag kommen ließen, weil sie in ihrem eigenen Büro durch die Technik zur absoluten Hilflosigkeit und Unfähigkeit verdammt waren. In solchen Fällen hat die Sekretärin ihren Chef natürlich fest im Griff. Sie bekommt alles, was sie will. Der Pressesprecher eines Weltkonzerns in Düsseldorf war nicht in der Lage, selbst ein wichtiges Fax abzuschicken. »Entweder Sie schicken jemanden vorbei, oder Sie müssen warten, bis meine Sekretärin kommt, ich kann damit nicht umgehen«, war seine treuherzige Bekundung der eigenen Unfähigkeit.

Also jeder im Büro sollte in der Lage sein, einen PC, ein Fax oder einen Kopierer zu bedienen und kleinere Probleme selbst zu beheben. Ich stand einmal in einem Vorzimmer, und die

Sekretärin wollte mir noch ganz schnell einen Brief ausdruk-ken. Nichts passierte. Der Drucker rührte sich nicht. Die Se-kretärin bekam einen Wutanfall und griff, ohne zu zögern, zum Telefon, um einen Servicemechaniker zu rufen. Ich schaute mir den Drucker an. Ich bin wirklich kein Spezialist, aber daß der Netzstecker herausgezogen war, konnte sogar ich erkennen. Ich steckte ihn wieder rein, und das Gerät lief. So einfach läßt sich manchmal Geld sparen. Übrigens, in diesem Büro liefen alle Kabel zu den Maschinen kreuz und quer über den Fußboden. Es war also gar nicht verwunderlich, daß sich jemand im Kabel verfängt und den Stecker herauszieht. Anstatt etwas längere Kabel zu kaufen und diese an der Wand zu verlegen, ruft man lieber häufiger den Service.

Computerfirmen lieben es, ihre Bedienungsanleitungen so kom-pliziert wie möglich zu schreiben, denn sie gehen nicht von den Bedürfnissen des Anwenders aus, sondern von den techni-schen Möglichkeiten der Geräte. Schreiben Sie deshalb die wichtigsten Bedienungsschritte auf, und hängen Sie die Anlei-tung neben das Gerät. Das gleiche gilt auch für Kopier- und Faxgeräte. Hier verschweigen manche Hersteller gern ein paar kleine und leichte Maßnahmen zur Fehlerbeseitigung, um dem Service ein Zubrot zu verschaffen. Lassen Sie sich in diese Geheimnisse einweihen.

One-best-Aktion

Arbeiten Sie möglichst papierlos.
Schreiben Sie nicht mehr als eine Seite. Informieren Sie alle Beteiligten möglichst nur mündlich, machen Sie keine Vertei-ler und Umläufe. Legen Sie die Unterlagen in die gemeinsame Akte, dort kann jeder, der will, Einsicht nehmen.

Begrenzen Sie Konferenzen auf eine Stunde.

Ab einer bestimmten Führungsschicht wird es in Deutschland anscheinend üblich, die Konferenzen so zu legen, daß man anschließend noch gemeinsam Mittagessen kann. Es heißt, es werden informelle Kontakte gepflegt. In Wirklichkeit wird nur die Zeit totgeschlagen, und zwei Stunden später fühlt man sich völlig ermüdet vom Essen. »Tja, der Mann am Fließband hat wenigstens mittags eine Pause, wir müssen voll durchmachen«, sagte einmal ein Vorstandsmitglied zu mir, nachdem er eine Stunde lang zwischen Hauptgang und Nachspeise vom Reithobby seiner Tochter erzählt hatte.

Veranstalten Sie eine Konferenz nur, wenn sie nötig ist.

Es gibt nur wenige, die so wichtig sind, daß sie pausenlos in Konferenzen und Besprechungen sitzen müssen. Die meisten machen sich nur wichtig. Verzichten Sie auf Routinetreffen. Die Niederlassungsleiter eines Unternehmens wurden einmal pro Monat aus ganz Deutschland zum Führungskräftetreffen gerufen. Das Erscheinen war Pflicht, Nichterscheinen galt als Mißachtung der Autorität des Hauptgeschäftsführers. Gerade als ich dabeisaß, wurde die Versammlung mit den Worten eröffnet: »Ja, meine Damen und Herren, heute haben wir eigentlich gar keine wichtigen Tagesordnungspunkte, möchte vielleicht einer von Ihnen …« Dafür waren die Leute aus allen Teilen Deutschlands angereist.

Fangen Sie pünktlich an, und dulden Sie keine Unterbrechungen.

Es gibt Spezialisten, die ihre Bedeutung dadurch unterstreichen, daß sie immer zu spät kommen. Meist bitten sie dann auch noch, das bisher Gesagte speziell für sie noch einmal kurz zusammenzufassen. Sind schon Entscheidungen getroffen, fallen diesen Leuten bestimmt noch ein paar Gesichtspunkte ein, die dazu führen, daß man von vorn beginnen muß. Ein ebenso

beliebtes Verfahren ist, sich während einer Besprechung herausrufen zu lassen. Mein Vorschlag: Schließen Sie demonstra-
tiv die Tür ab, wenn der erste den Raum verlassen hat. Entweder ist der Mann nicht wichtig oder die Konferenz.
Damit sind wir auch schon beim nächsten Punkt.

**Wählen Sie den Teilnehmerkreis richtig aus,
und halten Sie ihn möglichst klein.**
Machen Sie aber keine Geheimniskrämerei daraus, hängen Sie
die Namen der Teilnehmer und die Tagesordnungspunkte ru-
hig an die Tür. In deutschen Unternehmen ist es oft sehr
schwierig, einen Mitarbeiter, zum Beispiel einen Spezialisten,
hinzuzuziehen, der nicht zum Führungskreis gehört. Sein Vorgesetzter wird sich übergangen fühlen, also lädt man ihn mit
ein. Meist hat er von dem Problem weniger Ahnung, aber
aufgrund seiner Stellung das Recht, ausführlich darüber zu
reden, während der Spezialist ihm nur soufflieren darf.
In einer kleinen Handelsfirma hatte der Inhaber sich zwei
Geschäftsführer eingestellt, um die Verantwortung zu verteilen, wie er sagte. Als diese Leute dann wirklich führen wollten,
bekam er Angst um seine Machtstellung. Also erweiterte er den
Führungskreis um alle Abteilungsleiter und dann auch noch
um alle Unterabteilungsleiter. Er wolle die Verantwortung auf
eine breitere Basis stellen, sagte er. In Wirklichkeit nutzte er
die endlosen Diskussionsrunden, um am Ende völlige Zerstrit-
tenheit festzustellen und dann wieder allein zu entscheiden.
Verteilen Sie alle Dokumente über die Verhandlungsthemen
vor der Sitzung. Die Konferenz soll nur aus Fragen und Antworten bestehen. Ziel der Sitzung ist eine schnelle Entscheidung.
Wer seine Unterlagen nicht dabeihat, ist entweder ein Wichtig-
tuer, oder er ist vertrottelt. Beides läßt berechtigte Zweifel zu,
ob er weiterhin zum Kreis der Entscheider gehören sollte.
Fragen und Antworten sollen nicht dazu dienen, sich selbst
aufzuwerten und andere zu disqualifizieren. Mit welchen Tricks

man das machen kann, steht in jedem Rhetorikbuch. Stellen Sie nur offene Fragen und keine, auf die man nur mit Ja oder Nein antworten kann, dann haben Sie die Chance, etwas zu erfahren, und der andere kann etwas mitteilen. Verzichten Sie auf historische Erörterungen. Eine Entscheidung muß nicht bis in alle Details hinein gefällt werden. Delegieren Sie präzise und mit einer Zielvorgabe. Bedenken Sie zum Beispiel, daß bei großen Fusionen oder Verkäufen von Unternehmen zuerst darüber entschieden wird, was man will, und dann werden die Vertragsbestandteile und der konkrete Preis von Fachleuten ausgehandelt.

Der Ranghöchste muß nicht immer der beste Moderator sein. Lassen Sie ein paar fähige Mitarbeiter zu Konferenzmoderatoren weiterbilden. Sie werden ihr Geld wert sein. Bedenken Sie nur, welche Stundengehälter Ihre leitenden Mitarbeiter einschließlich der Gehaltsnebenkosten beziehen und wie schnell etliche tausend Mark pro Tag gespart werden können, wenn gearbeitet wird, statt auf Konferenzen herumzutrödeln.
Leider ist es nicht einmal selten der Fall, daß gerade der Vorsitzende einer Konferenz zu spät kommt, sich herausrufen läßt, monologisiert, seine Unterlagen nicht komplett hat, Entscheidungen vertagt und manchmal überhaupt nicht weiß, wovon geredet wird. In einem solchen Fall hat das Unternehmen ein ernstes Problem, denn niemand aus dem Hause kann dem Chef sagen, er soll lieber nach Hause gehen und seinen Garten pflegen. In Japan ist es leichter. Der Vorgesetzte wird zwar nicht nach Hause geschickt, das ist aber auch nicht nötig. Da seine Rolle sowieso in erster Linie daraus besteht, Vorbild zu sein und Entscheidungen herbeizuführen, aber nicht selbst zu entscheiden, lassen sich selbst große unternehmenspolitische Entscheidungen von unten beeinflussen. Dieses Erneuerungspotential, das von der Basis ausgeht, wird in deutschen Unternehmen kaum genutzt. Extravaganzen wie Unpünktlichkeit

wären mit dem Selbstverständnis eines Vorgesetzten als Vorbild grundsätzlich unvereinbar.

Hinweise für das Management

① Trainieren Sie sich selbst für die Teamarbeit.

② Gleichen Sie die Arbeitsmenge der Mitarbeiter aus. Eine falsche Verteilung wird durch die Visualisierung entdeckt.

③ Verzichten Sie auf Befehlsmanagement, nutzen Sie die Fähigkeiten der Mitarbeiter, lernen Sie, und streben Sie einen Konsens an.

④ Wissen ist Macht. Was Sie anstreben sollen, ist aber Respekt. Behalten Sie deshalb keine Informationen für sich, die die Mitarbeiter brauchen, um gut arbeiten zu können.

Erfolge durch Kaizen im Büro

Auch für deutsche Augen scheinbar läppische Aktionen können große Erfolge mit sich bringen. Das habe ich bisher ja schon häufiger dokumentiert. Durch Karakara, eine Büroaufräumaktion, sollten bei einem großen japanische Automobilhersteller alle unnötigen Papiere beseitigt und eine klare Arbeitsatmosphäre geschaffen werden. Statt persönlicher Arbeitsplatzordner wurden Ordner eingeführt, die der ganzen Abteilung zugänglich waren.

Ziel war es, die Menge aller Dokumente um 25 Prozent zu reduzieren. Es wurde vereinbart, daß kein Dokument länger als zwei Jahre nach seinem letzten Gebrauch aufbewahrt wurde, Ausnahmen bildeten natürlich all die Unterlagen, für die gesetzliche Aufbewahrungsfristen vorgeschrieben sind. Eine Besonderheit stellte die Einrichtung von »Nicht-erledigt-Ordnern« und von Ordnern für undefinierbare Schriftstücke jeweils für die gesamte Abteilung dar. Im Ergebnis konnte das Unternehmen im Bürobereich im ersten Jahr sechs Millionen DM sparen.

Dieser Erfolg motivierte auch andere Unternehmen. Zusätzlich zu den oben beschriebenen Maßnahmen wurde hier auch noch das Ziel gesetzt, die Zahl der Formulare um 30 Prozent zu reduzieren und eine Sammelstelle für Büromaterial einzurichten. Das Ergebnis in diesem Unternehmen sah so aus: Die Zahl der in den Aktenordnern gesammelten Dokumente ging um 15 Prozent zurück, das waren, auf das gesamte Unternehmen gesehen, rund neun Millionen Blatt Papier weniger. 400 Aktenschränke waren komplett überflüssig geworden.

Dadurch, daß zunächst 16 Prozent aller Formulare als überflüssig abgeschafft worden waren, erzielte man einen monatlichen Zeitgewinn von 9700 Arbeitsstunden.

Dreißig Prozent der in den Schreibtischen befindlichen Büroartikel wurden zurückgegeben, sie repräsentierten einen Gegenwert von 160 000 DM.

Mit der vorgestellten One-best-Aktion, nur eine Seite schreiben, nur eine Stunde konferieren, unter Befolgung aller Ratschläge, sank die Konferenzzeit eines Unternehmens um 35 Prozent, das sind 400 000 Stunden im Jahr weniger. Dabei wurde das Ziel von einer Stunde je Veranstaltung noch nicht einmal erreicht. Abteilungstreffen reduzierten sich aber immerhin von 3,7 Stunden auf 2,1, und die Durchschnittszeit für Konferenzen sank von 3,7 auf 2,6 Stunden.

4.
Aus dem Beratungsalltag

Ein Hersteller von Hydraulikzylindern hatte mich gebeten, bei der Verbesserung des Unternehmensergebnisses durch Einführung von JIT-Kaizen behilflich zu sein. Nach einigen Vorträgen vor der Belegschaft wurde eine Kaizen-Gruppe gebildet, die ich einmal wöchentlich besuchte und bei ihrer Arbeit unterstützte. Schon nach der zweiten Sitzung waren die ersten Maßnahmen getroffen worden, und es lag eine ganze Reihe guter Vorschläge auf dem Tisch.

Im Sinne der fünf »S« waren in jeder Abteilung Kaizen-Tafeln aufgestellt worden, auf denen geschrieben stand: »Unser Saustall sieht so aus!« Darunter prangerten Fotos die schlimmsten Beispiele für Schmutz und Unordnung an: Zigarettenkippen auf den Maschinen, nicht weggefegte Drehspäne, verölte Maschinenteile. Einen Monat später wurden die gleichen Stellen wieder fotografiert, und die Abteilung, die die größten Fortschritte gemacht hatte, erhielt eine Prämie von 300 DM. Dieser Wettbewerb wird so lange durchgeführt, bis ein gewisser Sauberkeitsstandard erreicht ist.

Rote Zettel markierten Werkzeuge, Maschinen, Werkstücke und Werkstoffe als »nicht brauchbar«. Die Geschäftsleitung hatte nun bei einem Rundgang eine solide Grundlage, zu entscheiden, ob etwas verschrottet oder anderswo zwischengelagert werden sollte.

Eine wesentliche Frage für die Mitarbeiter in der Kaizen-Gruppe war von Anfang an: »Sind wir eigentlich ein Hersteller von

Produkten oder ein Lagerbetrieb?« Denn jedem Mitarbeiter war bewußt, daß seine Arbeit durch herumstehende Teile behindert wurde. Die eigentliche Ursache lag im stark ausgeprägten Abteilungsdenken. Nur zu oft wurde in einer Abteilung ein Produkt mit einem frühen Liefertermin erst einmal nicht weiterbearbeitet, weil bestimmte Werkstücke aus anderen Fertigungsstätten des Unternehmens fehlten.

Da man ja nicht faul ist, nahm man sich ein Stück mit einem späteren Liefertermin vor, für dessen Zusammenbau alles vorrätig war. Dieses Teil wurde dann an die nachfolgende Abteilung für den nächsten Arbeitsschritt weitergegeben. Dort konnte man damit allerdings noch nichts anfangen und legte es zunächst beiseite. So arbeiteten alle Abteilungen des Unternehmens, mit dem Ergebnis, daß sämtliche Terminpläne durcheinanderliefen und überall halbfertige und fertige Produkte herumstanden, die manchmal Wochen oder Monate zu früh ankamen und auf ihre Weiterbearbeitung warten mußten. Weil überall schwere und große Teile auf Paletten auf dem Boden lagen, wurden die Gabelstapler behindert. Wollten sie einen bestimmten Punkt der Halle anfahren, kam es nicht selten vor, daß erst eine halbe Stunde zum Versetzen der Paletten gebraucht wurde. Wo diese dann abgeblieben waren, wußte nach dem dritten Versetzen niemand mehr. Manche Teile verschwanden spurlos und mußten neu gefertigt werden.

Dem Grundproblem des Unternehmens rückten wir mit verschiedenen Mitteln zu Leibe. Obgleich ich ein großer Gegner der Lagerhaltung bin, blieb mir nichts anderes übrig, als im ersten Schritt der Einrichtung von kleinen, dreietagigen Hochregalen zuzustimmen. Nur so war es möglich, die Wege für die Gabelstapler frei zu machen und die Teile nicht ganz aus den Augen zu verlieren.

In diesem Unternehmen gab es sehr viele Teile, die zu schwer zum Heben und Tragen waren. Die Gabelstapler durften aber nur von Fahrern mit entsprechendem Führerschein bewegt werden. Aus Sicherheitsaspekten ist diese Vorschrift sicher richtig, leider führte sie in diesem Betrieb zu langen Wartezeiten, bis wieder ein Stapler frei war. Als Lösung beschafften wir kleine elektrische Hubwagen. Jeder durfte sie bedienen, und sie reichten von der Leistung her völlig aus.

Für den Transport langer Zylinder von einer Halle in die andere sind normale Gabelstapler ungeeignet. Also wurde noch ein Seitenstapler geleast. Wenn Sie das Buch bisher aufmerksam gelesen haben, werden Sie merken, daß ich hier Maßnahmen unterstützt habe, die ich im Grundsatz ablehne. Statt weniger wurden hier mehr Transportgeräte eingesetzt.

Kaizen funktioniert aber nur, wenn man sich den konkreten Problemen nähert und dafür eine Lösung findet. Auch wenn diese nicht hundertprozentig ist, bringt sie uns doch einer perfekteren Lösung näher. Sie darf nur nicht so teuer sein, daß sie nicht wieder rückgängig zu machen ist. JIT-Kaizen ist ein kontinuierlicher Verbesserungsprozeß, deshalb werde ich mich in einem halben oder einem Jahr auch nicht scheuen, die ersten Lösungen durch bessere zu ersetzen.

Auf das Problem des mangelnden Materialflusses hatte ich bereits hingewiesen. Für jeden Auftrag wurde ein Barcode eingeführt und innerbetrieblich im PC erfaßt. Jeder Mitarbeiter mußte dann vor Ausführung eines Auftrags den entsprechenden Code in den PC eingeben. Die Weitergabe von Teilen wurde erst dann erlaubt, wenn alle Teile für den nächsten Arbeitsschritt fertig waren.

Da oft erst im Fertigungsprozeß festgestellt wurde, daß bestimmte Rohmaterialien fehlerhaft waren, wurde die Wareneingangskontrolle verbessert.

Jede Abteilung dieses Unternehmens benutzte eigenes Holz als Verpackungsmaterial. Allerdings waren oft nicht die geeigneten Teile zur Hand, dann wurde nachbestellt, improvisiert und selbst gebastelt. Jetzt hat man für alle Abteilungen ein gemeinsames Materiallager für Holzverpackungen eingerichtet. Die Bestände sind übersichtlich geordnet, Höchst- und Mindestmengen werden beachtet, Nachbestellungen laufen automatisch. Der Zeiteinsatz zum Verpacken hat sich durchgängig reduziert.

Während der Mittagspause wurden alle Maschinen stillgelegt, längere Arbeitsgänge wurden gar nicht mehr begonnen. Unser Vorschlag lautete, die Maschinen weiterlaufen zu lassen, durch zusätzliche Vorrichtungen wurden sie automatisch gestoppt, wenn sich ein Fehler einschlich. Die Mittagspause wurde im gesamten Betrieb nur noch versetzt genommen, so daß immer ein Kollege am Arbeitsplatz blieb, so konnte auch im kaufmännischen Bereich das Telefon zur Freude der Kunden weiter bedient werden.

Ich möchte darauf hinweisen, daß alle diese Vorschläge aus den Reihen der Mitarbeiter kamen. Ideen und Lösungen, die über Jahre ungenutzt brachlagen und unnötige Kosten verursachten. Verschwendung, wie sie im Buche steht.

VII.

Fragen,
die mir immer wieder
gestellt werden

Es gibt eine ganze Reihe von Fragen, die mir von Unternehmern und deren Mitarbeitern, von Betriebsräten, von deutschen Unternehmensberatern und Journalisten gestellt werden. Ich habe hier die häufigsten Fragen und meine Antworten zusammengestellt.

Natürlich sind alle Themen auch ausführlich in diesem Buch behandelt worden, aber vielleicht gibt es den einen oder anderen Leser, der sich zunächst einen schnellen Überblick verschaffen will oder der nach einiger Zeit den Wunsch verspürt, seine Erinnerung aufzufrischen. Beiden ist mit diesen kurzen Abhandlungen sicher gedient.

Ist JIT-Kaizen ein Jobkiller?

Frage: Was wird mit dem durch JIT-Kaizen eingesparten Personal passieren?

Antwort: In Japan werden die Mitarbeiter, die an der einen Stelle eines Unternehmens nicht mehr gebraucht werden, eben an einer anderen eingesetzt. Daß dies in Japan problemlos geschehen kann, liegt daran, daß die meisten Mitarbeiter bereit und in der Lage sind, auch andere Funktionen zu übernehmen. Es ist für keinen japanischen Dreher unter Niveau, eine Zeitlang im Lager als Gabelstaplerfahrer zu arbeiten. In Japan ist jeder Arbeitnehmer auf lebenslanges Lernen eingestellt.

JIT-Kaizen ist keine Methode, die darauf abzielt, hauptsächlich Personal einzusparen, sondern es ist eine generelle Neuausrichtung des unternehmerischen Denkens, das auch die Mitarbeiter einbezieht. Sicher wird man feststellen, daß der eine oder andere Arbeitsplatz völlig überflüssig ist, aber man wird auch andere Aufgaben entdecken, die im Zusammenhang mit der Kundenorientierung sehr wichtig sind und die bisher völlig vernachlässigt wurden.

Ziel aller Maßnahmen ist nicht, mehr zu arbeiten, sondern intelligenter zu arbeiten. Mitarbeiter, die bereit sind, sich auf die neuen Ideen einzulassen und sie mitzutragen, gehören zu den wertschöpfenden Arbeitskräften, von denen sich kein Unternehmer freiwillig trennen wird. Es hat also jeder selbst in der Hand, wie er seine Rolle im JIT-Kaizen-Prozeß und damit seine berufliche Zukunft gestalten möchte.

Ist der Betriebsrat Freund oder Feind?

Frage: Wie stehen Betriebsräte und Gewerkschaften zu Ihren Vorschlägen?

Antwort: Das läßt sich nicht pauschal beantworten. Durch JIT-Kaizen findet ja eine Bewußtseinsrevolution statt mit dem Ziel, wirkungsvoller und erfolgreicher am Markt zu agieren. Das ist durchaus auch im Sinne der Gewerkschaften, denn nur dadurch werden Arbeitsplätze gesichert und Lohnsteigerungen ermöglicht.

Das Unternehmen kann, wenn es auf meine Vorschläge eingeht, nicht einfach weitermachen wie bisher, gerade das Wissen der Mitarbeiter an der Basis ist dann ja gefragt. Die Mitarbeiter werden also aufgewertet. Auch das deckt sich mit den gewerkschaftlichen Zielen.

Bei den Betriebsräten ist das etwas anders. In gut geführten Unternehmen stoße ich natürlich zunächst auf Skepsis, aber man ist den Argumenten gegenüber aufgeschlossen. In schlecht geführten Unternehmen wissen die Angestellten im Gegensatz zur Geschäftsführung sehr genau, daß sie oft völlig überflüssigen Beschäftigungen nachgehen, aber damit sichern sie ihren Arbeitsplatz. Der Betriebsrat sieht sich dann oft in der Rolle des Beschützers, der dieses Treiben glaubt decken zu müssen, um sich zu profilieren. Veränderungen sind dann nur schwer durchzusetzen.

Ich habe aber auch schon Betriebsräte gehabt, mit denen konnte man einen Handel machen, es wird produktiver gearbeitet, und keiner wird entlassen. Wer überflüssig ist, wird zum Mehrzweckarbeiter umgeschult. Die Alternative wäre in einem speziellen Fall nur die bereits absehbare Firmenpleite gewesen, dann hätten alle Mitarbeiter auf der Straße gestanden.

Es gibt ja Unternehmen, da sprechen Geschäftsführung und Betriebsrat fast nicht miteinander. Die dadurch entstehenden Informationsdefizite sind katastrophal. Andererseits ist in solchen Häusern der Betriebsrat meist sehr stark. Wenn ich ihn überzeugen kann, habe ich auch die Mitarbeiter auf meiner Seite.

Es ist fast nicht möglich, gegen die Arbeitnehmervertretung tiefgreifende Änderungen durchzusetzen. Was ich für sehr wichtig halte, sind individuelle Betriebsvereinbarungen statt allgemeingültiger Tarifabschlüsse. Viele Gewerkschafter stellen sich allerdings solchen zukunftsweisenden Regelungen in den Weg.

In einem Unternehmen haben wir im Rahmen einer Betriebsvereinbarung geregelt, daß ein paritätisch aus Arbeitgeber- und Arbeitnehmervertretern besetztes Gremium über ein Punktesystem die Leistungen der Mitarbeiter benotet und damit das Gehalt festlegt. Dabei wurde auch die Teamfähigkeit und die Anzahl der Verbesserungsvorschläge berücksichtigt. Außerdem

wurde auch für die gewerblichen Mitarbeiter die Gleitzeit eingeführt. Jede Arbeitsgruppe konnte die Wochenarbeitszeit entsprechend dem Arbeitsanfall zwischen 32 und 46 Stunden
festsetzen, ebenso den täglichen Arbeitsbeginn und das Arbeitsende.

Wie schnell wird JIT-Kaizen gelernt?

Frage: Wie schnell läßt sich JIT-Kaizen einführen, und welchen
Einfluß haben darauf die Workshops?

Antwort: In einigen Unternehmen muß man bis zu fünf Jahre
rechnen, bis die Kaizen-Philosophie in allen Bereichen richtig
greift. Ganz entscheidend ist natürlich auch die Unterneh-
mensgröße.
Mit einer einmaligen Schulung ist es meist nicht getan, weil es
nicht nur auf die theoretische Einsicht ankommt, sondern
gerade auf die tägliche Praxis, Kaizen muß gelebt werden. In
einigen Betrieben gibt es inzwischen ausreichend geschulte
Mitarbeiter, die selbst in der Lage sind, Kaizen-Workshops
durchzuführen. Das ist ja auch das eigentliche Ziel meiner
Arbeit, die Unternehmen und ihre Mitarbeiter zu aktivieren
und sie selbständig agieren zu lassen.

Mitarbeitermotivation

Frage: Ist JIT-Kaizen auch zur Mitarbeitermotivation geeignet?

Antwort: Ja, sogar ganz hervorragend. Ich möchte Ihnen dazu
ein Beispiel geben. Ein Familienunternehmen aus der Elektro-
nikbranche im Süden Deutschlands hatte mich gerufen und
um Hilfe gebeten. Die Inhaber, Vater und Sohn, schimpften

zunächst einmal sehr heftig über ihre Mitarbeiter, die nur die Hände bewegten und nicht mitdachten. Als ich durch das Unternehmen ging, beschlich mich bereits ein Verdacht, der sich dann auch bestätigte. Jede Initiative der Mitarbeiter war systematisch abgewürgt worden. Daß ineffizient gearbeitet wurde, lag daran, daß sich alle genau an die Vorschriften hielten. Als ich mit den Mitarbeitern über mögliche Verbesserungen sprach, die mir sofort ins Auge fielen, winkten sie bloß ab: »Alles schon versucht.« Die Meister und die Geschäftsführung würden sich weigern, Verbesserungen einzuführen, wenn die Idee nicht von ihnen stammt. Für mich war die Sache einfach, ich sammelte die Ideen der Mitarbeiter und reichte sie weiter. Als man sie mit großem Applaus entgegennahm, habe ich Vater und Sohn den Kopf gewaschen. Jetzt gehen sie einmal täglich durch den Betrieb und essen seit neuestem mit ihren Leuten in der Kantine. Verbesserungsvorschläge werden öffentlich ausgehängt. Sie können sich vorstellen, wie sehr sich das Betriebsklima verbessert hat.

In den Nachkriegsjahren haben die Unternehmer ihre Mitarbeiter dadurch motiviert, daß sie selbst die Ärmel aufkrempelten und mit anpackten. Dann entschwebten sie nach oben und verloren den Kontakt zur Basis, und ohne Kontakt ist keine Motivation möglich.

Reklamationsbearbeitung

Frage: Sie stellen die Bearbeitung von Reklamationen immer als so besonders wichtig dar. Wenn wir das Thema aber einmal betriebswirtschaftlich betrachten, so kostet die Reklamationsbearbeitung einen Haufen Geld, oft mehr, als wir mit dem gelieferten Teil erlösen. Natürlich sollten eigentlich nur fehlerlose Teile geliefert werden, aber wenn eben doch etwas schiefgeht, versuchen wir zwar dem Kunden ein gutes Gefühl zu geben, aber den Aufwand so gering wie möglich zu halten. Gibt es einen vernünftigen Grund, anders zu verfahren?

Antwort: Ein Kernpunkt der Kaizen-Philosophie ist die positive Grundhaltung gegenüber Fehlern und Problemen. Wir begrüßen sie sogar, weil sie uns den Weg zu den Stellen zeigen, wo Verbesserungen notwendig sind. Wenn Sie einen Fehler unter dem Gesichtspunkt betrachten, wie konnte er entstehen und wie läßt er sich in Zukunft grundsätzlich vermeiden, werden Sie schon nach kurzer Zeit auch betriebswirtschaftliche Vorteile haben. Leider fragen die meisten Unternehmen nur: Wer hat schuld? Diese Suche nach dem Schuldigen verändert überhaupt nichts und ist die reinste Verschwendung.

Solange Reklamationen in einer besonderen, dafür eingerichteten Abteilung hängenbleiben, sind sie unwirtschaftlich und verändern nichts. Ein Hersteller von Dachfenstern schickt sein Reparaturteam kreuz und quer durch Deutschland. Die Leute kennen alle Fehler, zum Beispiel, daß Handwerker beim Einbau einen zu langen Bohrer nehmen und dadurch Wasser eindringt. Die Aufgabe dieser Leute ist aber nur, die Löcher zu stopfen, und nicht, in der Fertigung einen Aufkleber anbringen zu lassen »Achtung, maximale Bohrtiefe 28 Millimeter«.

Bei einem Möbelhersteller war die Reklamationsbearbeitung nicht genau geregelt, einmal wurde so verfahren und einmal anders. Reklamationen liefen fast den gleichen Weg wie Neubestellungen und dauerten auch so lange, zwischen acht und zwölf Wochen. Heute geht die Reklamation zunächst an die Fertigung und hat dort höchste Priorität. Binnen einer Woche ist alles in Ordnung. Der Kunde freut sich, und der kontinuierliche Verbesserungsprozeß im Hause bekommt zusätzliche Impulse. Es gibt also mehrere Gründe, anders zu verfahren, als Sie es tun.

Zeitplanbücher

Frage: Was halten Sie von Zeitplanbüchern?

Antwort: Zeitplanbücher stehen in Deutschland offensichtlich hoch im Kurs. Allerdings scheinen sie mir sehr oft mehr ein Statussymbol als ein Werkzeug zu sein. Nur wenige Menschen haben täglich so viele verschiedene Termine, daß sie eine ganze DIN-A5-Seite brauchen, um sie zu notieren. Ich bin auch überzeugt, daß die meisten Formulare in diesen Büchern zu komplex sind und viel zu viele Details enthalten, die man überhaupt nicht braucht.

Ich selbst bringe es kaum auf mehr als ein oder zwei Termine pro Tag. Für alle übrigen Notizen reichen mir Seiten mit drei Spalten. Aber ich finde es trotzdem gut, daß Zeitplanbücher im Gebrauch sind, denn sie sind ein erster Schritt, um sich zu ändern und um sich zu fragen, was ist überflüssig, worauf kann ich verzichten. Wenn jemand allerdings nur die Blätter in diesen Büchern ausfüllt, weil sie vorhanden sind, hat er ihren Zweck sicher nicht richtig verstanden, denn dadurch verschwendet er nur seine Zeit. Am besten ist es, wenn sich jeder die Formulare entwerfen würde, die seinen Bedürfnissen entsprechen. In Japan würde man das ganz bestimmt machen.

Ein japanischer Unternehmer kauft sich eine einfache Maschine und rüstet sie dann für seine Zwecke und nach seinen Vorstellungen auf. Ein deutscher Unternehmer plant zunächst, welche möglichen Optionen vorhanden sein müßten, kauft dann eine Maschine, die alles kann, und nutzt nur 10 Prozent. Ähnlich ist es vielleicht auch mit den Zeitplanbüchern.

Was mich wirklich beeindruckt, sind die Notepads, diese tragbaren Computer, auf denen man handschriftlich etwas vermerken kann. Sie sind einfach zu bedienen, und man kann wirklich alle Notizen sicher aufbewahren und weiterverarbeiten. Es lassen sich auch viele Informationen direkt aus dem Computer laden. Die elektronischen Notizbücher mit Tastatur waren mir immer zu kompliziert. Anscheinend stehe ich mit dieser Meinung nicht allein, denn außer bei reinen Technikliebhabern sehe ich sie heute kaum noch.

Informationsdefizite

Frage: Sie sprechen immer von Informationsdefizit, aber woher soll ich wissen, was zum Beispiel ein Kunde in Japan wünscht?

Antwort: Der Gebrauch von Datenbanken ist in deutschen Unternehmen noch nicht weit verbreitet. Irgendwie haben die meisten Firmen immer noch den Eindruck, daß sie Informationen gratis bekommen müßten oder daß das, was auf dem Weltmarkt der Informationen angeboten wird, sowieso schon im Hause bekannt sei. Beides sind große Irrtümer. Entsprechend schlecht sind nach meinem Eindruck deshalb auch die Leistungen deutscher Datenbanken. Wenn ich wirklich gute Informationen über ein deutsches Unternehmen brauche, greife ich auf einen japanischen Informationsbroker zurück. Die besten Informationen über französische Unternehmen habe ich bisher ebenfalls in Japan und aus den USA erhalten.

Versuchen Sie einmal in Deutschland etwas über ein japanisches Unternehmen herauszufinden, und sie werden merken, wie schwierig das ist. Dafür gibt es einen weiteren Grund: Viel weniger Deutsche studieren in Japan als Japaner in Deutschland. Das Verständnis für den Markt Deutschland und Europa generell ist in Japan viel größer als das Verständnis hier für den Markt Japan. Ich bedaure es, daß deutsche Unternehmen, mit wenigen bekannten Ausnahmen, dem japanischen Markt sowenig Aufmerksamkeit schenken. Wirklich schlimm finde ich aber, daß die Bedeutung von Informationen beim Querschnitt der Unternehmen so stark unterschätzt wird.

Lohnnebenkosten

Frage: Stimmt es, daß japanische Arbeiter dem Unternehmen weniger kosten und trotzdem mehr verdienen als deutsche?

Antwort: Wenn ein Arbeitnehmer in Deutschland seiner Firma einschließlich der Lohnnebenkosten 10 000 DM monatlich kostet, erhält er vielleicht 5400 DM brutto, und das macht 3500 DM netto, wenn er verheiratet ist und zwei Kinder hat. In Japan würde sein Bruttolohn bei 9000 DM liegen, und ausbezahlt erhielte er 7500 DM. Das ist natürlich nur eine grob überschlägige Rechnung, aber die Tendenz stimmt. Die Sozialleistungen sind dabei keineswegs schlechter als in Deutschland; was ich aber in Japan in geringerem Maße feststelle, sind ein aufgeblähter Staatsapparat, Subventionen und Sozialmißbrauch. Hier muß der Staat auf Diät gesetzt werden. Nicht demonstrative Ärmlichkeit in den Amtsstuben für das Volk ist das Rezept, sondern ein grundsätzlich neues Selbstverständnis.

Unternehmenswitze

Frage: Ich habe vorhin mitbekommen, daß man Ihnen Witze über unser Haus erzählt hat. Was halten Sie davon?

Antwort: Es ist eine sehr merkwürdige Erfahrung: Wenn die Mitarbeiter eines Unternehmens nach einiger Zeit Vertrauen zu mir gefaßt haben, sagt irgend jemand, meist aus dem unte-

ren Managementbereich, zu mir: »Wissen Sie was, Herr Tominaga, es gibt hier im Hause einige Witze, die beschreiben genau
die Probleme, die Sie hier aufgedeckt haben.« Und dann beginnt er zu erzählen: »Unser Unternehmen wurde vor einiger
Zeit von einem japanischen Unternehmen zu einer Ruder-
regatta herausgefordert. Unser Achter trainierte fleißig, dann
gingen wir an den Start. Wir haben haushoch verloren. Wissen
Sie, warum? Wir hatten sieben Steuermänner, und nur einer
ruderte. Beim nächsten Mal werden wir aber gewinnen. Weshalb? Ganz einfach: Die Schlagzahl wird erhöht.«
So oder so ähnlich lautet der Standardwitz, den man mir in fast
allen Unternehmen erzählt. Immer sind es die vielen Steuermänner und der eine Ruderer, die gemeinsam im Unterneh-
mensboot sitzen. Es ist schon merkwürdig, daß in so vielen
Unternehmen geglaubt wird, daß dieser Witz einen Teil der
Wirklichkeit beschreibt. Aber anscheinend ist etwas Wahres
daran. Wachsende Unternehmen setzen zuerst in den Füh-
rungsetagen Speck an.
Bei Toyota wurde bereits im Jahre 1989 die mittlere Führungsschicht sowohl im technischen wie im kaufmännischen Bereich
einfach abgeschafft. Das Pyramidensystem ersetzte man
durch das, wie wir in Japan sagen, flache Briefwaagensystem.
Die Zahl des mittleren Managements wurde von 5000 auf 2000
reduziert. Das Ergebnis ist, daß die Spitzenkräfte zwar mehr
Arbeit haben, daß aber auch die Informationen von oben nach
unten und umgekehrt wesentlich schneller fließen.
Wie ich gehört habe, hat der Vorstandsvorsitzende der Deutschen Babcock AG in Oberhausen, Dr. Heyo Schmiedeknecht,
in seinem Unternehmen das gleiche gemacht und mehrere
Führungsebenen aufgelöst. Dem Unternehmen hat es sichtlich
genützt.
Vor einigen Jahren gab es bei der Siemens AG in München
noch einen Standardwitz, der lautete: Durchsage in einem
Flugzeug: »Achtung, Achtung, meine Damen und Herren, gleich

landen wir auf dem Firmenflughafen von Siemens. Bitte stellen Sie Ihre Uhren um zehn Jahre zurück.« Seit einiger Zeit wird dieser Witz bei Siemens nicht mehr erzählt. Es muß sich einiges gravierend verändert haben.

Standort Deutschland

Frage: Wenn Sie sagen »Meister Deutschland ist faul geworden«, weshalb kommen dann trotzdem japanische Unternehmen mit einem Teil ihrer Fertigung nach Deutschland?

Antwort: Die Substanz in Deutschland ist immer noch gut. Die Firma Mitsubishi Semiconductors bei Aachen hat etliche ihrer deutschen Mitarbeiter zum Training nach Japan geschickt und damit sehr gute Erfolge erzielt. Das früher übliche deutsche Abteilungsdenken hat sich wie von selbst verflüchtigt, und Kaizen wird ganz selbstverständlich praktiziert.
Ein Praktikum vor Ort ersetzt auch bei den Zulieferern lange Gespräche, deshalb werden auch deren Mitarbeiter von Mitsubishi eingeladen. So wird der Begriff von Fertigungstoleranz in Japan und Deutschland unterschiedlich interpretiert. Wenn die Toleranz in Deutschland auf + 0,3 bis − 0,3 festgelegt wird, liefert man auch innerhalb dieser Werte. In Japan wird trotzdem nur innerhalb der Werte + 0,1 bis − 0,1 geliefert. Das hatte man auch von den deutschen Zulieferern erwartet, aber nie gesagt. Bis man dahinterkam, wo das Problem liegt, waren die Mitsubishi-Ingenieure schier verzweifelt. Dabei war es auch für die deutschen Zulieferer kein Problem, ihre Produkte mit geringerer Streuung zu liefern, denn das deutsche Qualitätsniveau ist hoch.

Verbesserungsvorschläge

Frage: Wenn Sie immer von der kontinuierlichen Verbesserung sprechen, würden wir gern wissen, mit welchem Verbesserungspotential wir rechnen können und wie sich daraus für alle Beteiligten der größte mögliche Nutzen ziehen läßt.

Antwort: Die Zahl der Verbesserungsvorschläge ist eine wichtige Meßgröße in den Betrieben, in denen JIT-Kaizen eingeführt worden ist. Manchmal ist die Menge der Vorschläge selbst für mich überwältigend. Bei Matsuhita Electronic, Japan, sind im Jahre 1985 über sechs Millionen Verbesserungsvorschläge eingereicht worden. Der Weltrekord bei den Verbesserungsvorschlägen liegt zur Zeit, glaube ich, bei 16 821 Vorschlägen eines einzelnen Mitarbeiters pro Jahr. Fünf Jahre lang war Hitachi mit der Zahl der Verbesserungsvorschläge in Japan führend, ist dann aber 1985 von Matsushita überholt worden, weil die Hitachi-Mitarbeiter es »nur« auf 4,6 Millionen Vorschläge gebracht hatten.

Sie sehen, welch ein enormes Potential in Ihren Mitarbeitern steckt. Wenn Sie diese Kraft erst einmal mobilisiert haben, ist sie fast nicht mehr zu stoppen. Allerdings möchte ich am Anfang vor übertriebenen Hoffnungen warnen. Diese Vorschlagsmenge entwickelt sich erst im Laufe der Zeit, obgleich man annehmen sollte, sie würde zurückgehen, weil ja alles immer besser wird. Ich kenne Unternehmen, bei denen hat es zwischen sieben und zehn Jahren gedauert, bis JIT-Kaizen so richtig gegriffen hat. Rechnen Sie in Deutschland zunächst mit rund fünf Vorschlägen pro Kopf und Jahr. Immerhin wurde in Deutschland bisher ja immer gefordert: Nicht denken – arbeiten.

Es lassen sich drei Phasen bei der Entwicklung des Vorschlagswesens unterscheiden:

1. Phase: Der Mitarbeiter ist motiviert und beginnt über seine Arbeit nachzudenken und Vorschläge zur Verbesserung zu machen. Das ist schon ein sehr gutes Zeichen, allerdings sind in dieser Phase die meisten Ideen nicht zu gebrauchen und unmöglich zu realisieren.

2. Phase: Das Unternehmen beginnt in seine Mitarbeiter zu investieren und das Vorschlagswesen intensiv zu fördern, zum Beispiel durch Coaching, Ist-Analysen und Informationen über technische Neuerungen. In dieser Phase bilden sich kleine Gruppen von Mitarbeitern, manchmal finden sogar private Treffen außerhalb des Unternehmens statt.

3. Phase: Diese Phase setzt dann ein, wenn die Mitarbeiter total motiviert und nicht mehr zu bremsen sind. Die Entscheidung über die Umsetzung von Ideen wird nicht mehr bei der Geschäftsführung getroffen, sondern von den Kaizen-Gruppen. Die Führungskräfte und auch das mittlere Management fühlen sich dann oft angegriffen und fürchten um ihre Autorität und Macht. Wenn Sie davor Angst haben und damit nicht umgehen können oder wollen, lassen Sie am besten gleich die Finger von JIT-Kaizen.

Viele Unternehmen möchten den dritten vor dem ersten Schritt tun, und das mißlingt regelmäßig. Man muß sich vor Augen halten, daß die Entwicklung in japanischen Unternehmen auch fast zehn Jahre gebraucht hat. Man kann Motivation nicht wie eine Lampe an- und ausknipsen, gerade wie es einem beliebt. Ich habe es erlebt, gestern wurde vom Chef nicht einmal der Gruß seiner Leute erwidert, und heute sollen sie ihn mit Verbesserungsvorschlägen bestürmen. Wann haben Sie das letzte Mal »Ich bin stolz auf Sie« zu einem Mitarbeiter gesagt? Die Verbesserung des Arbeitsklimas geht nicht auf Befehl. Ich möchte auch noch etwas zur Honorierung der Verbesserungsvorschläge sagen. Jeder Vorschlag sollte zunächst mit fünfzig bis einhundert Mark honoriert werden, auch der verrückteste. Dann wird er von der Kaizen-Gruppe auf Machbarkeit geprüft. Dabei ist es wichtig, daß dem Einreichenden sofort mitgeteilt wird, ob der Vorschlag realisierbar ist oder nicht, weil das wichtig für die Motivation ist. Wenn die Umsetzung der Idee nicht zu teuer ist, sollte sie sofort passieren. Von der Ersparnis im ersten Jahr sollte der Einreichende zwischen 5 und 10 Prozent als Prämie erhalten. Der gesamte Prozeß mit »vorher« und »nachher« ist natürlich öffentlich zu visualisieren und zu dokumentieren. Ist ein Vorschlag unrealisierbar, sollte unbedingt erklärt werden, weshalb das der Fall ist.

Wichtig ist auch, die Zahl der Vorschläge pro Kopf zu fördern. Veranstalten Sie unter allen Mitarbeitern, die mehr als fünf Vorschläge eingereicht haben, eine Tombola, und verlosen Sie zum Beispiel eine Weltreise für zwei Personen.

Wenn die Zahl der Vorschläge abnimmt, deutet das auf ein Nachlassen der Motivation hin. Die für das Kaizen Verantwortlichen sollten dann gezielt auf die Mitarbeiter zugehen und sie erneut motivieren.

Ausgleichsfertigung

Frage: Wir haben jeweils zum Monatsende sehr hohe Spitzenbelastungen und brauchen deshalb mehr Personal als in der übrigen Zeit. Haben Sie dafür eine Lösung?

Antwort: Ich würde zu Heijunka, der Ausgleichsfertigung, raten. Statt verschiedene Produktteile in großer Zahl nacheinander zu produzieren und sie dann am Monatsende zu montieren, würde ich den Monatsrhythmus auf eine Woche oder einen Tag verkleinern. Dann haben Sie jede Woche oder jeden Tag fertige Produkte und nicht erst am Monatsende. Die

Spitzenbelastung verschwindet, weil sie verteilt und ausgeglichen wird.

So etwas ist sogar im Büro möglich. In Japan werden die Gehälter der Mitarbeiter großer Unternehmen nicht alle am Monatsende gezahlt, sondern über den ganzen Monat verteilt. Dadurch ließ sich natürlich auch die Zahl der Buchhalter reduzieren, weil die Spitzenbelastung wegfiel. In Deutschland legt man für alle Arbeiten erst die Zahl der Mitarbeiter fest und beginnt dann zu arbeiten. In Japan geht man von der geringsten Zahl aus und erhöht dann den Mitarbeiterbestand so weit, wie es die Produktion erfordert. Auch das spart Mitarbeiter.

Nachwort

Dieses Buch gab einen kleinen Einblick in das, was mit JIT-Kaizen möglich ist. Es soll Sie ermutigen, auch an Ihrem Arbeitsplatz und in Ihrem Unternehmen mit Veränderungen zu beginnen. Sie werden sehen, wie sich die Welt verändert. Die fünf »S« sind der erste Schritt, dann folgt die Fertigung mit der Losgröße = 1, die Entwicklung von Mehrzweckarbeitern und die Einführung von Kanban. Der dritte Schritt sind dann die Ausgleichsfertigung, Rüstzeitenreduzierung und das Qualitätsmanagement, Jidoka-*Autonomation* und Pokayoke. Dann ist Ihr Unternehmen topfit. Sie kennen die Richtung, auch wenn ich nicht jedes Detail beschreiben konnte. Das wird vielleicht in einem nächsten Buch der Fall sein.

Wir Japaner haben viel von den Deutschen gelernt und achten sie hoch. Wir sind stolz, wenn man uns als die Deutschen Asiens bezeichnet. Deutschland gilt immer noch als Meister, deshalb habe ich gern unser Wissen über Fertigungsmethoden weitergereicht, das ganz ursprünglich und ausschließlich in Japan entwickelt worden ist.

Minoru Tominaga

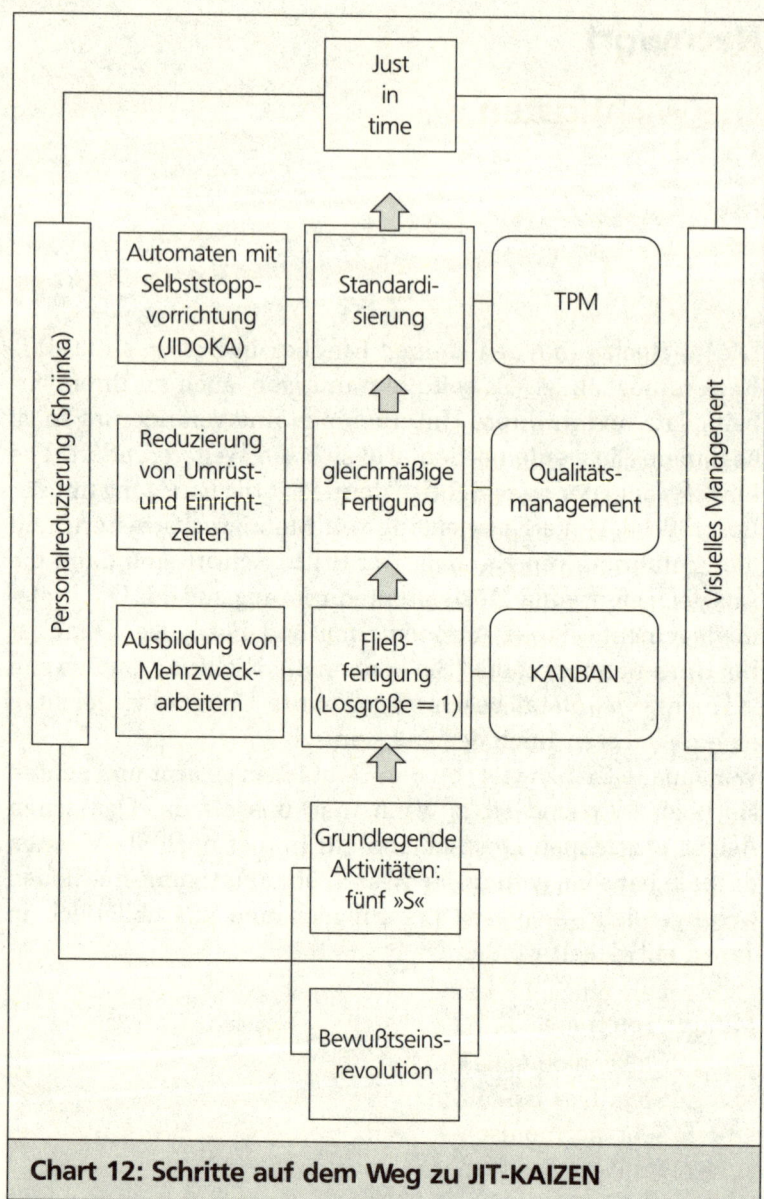

Chart 12: Schritte auf dem Weg zu JIT-KAIZEN

Anhang
Die wichtigsten Begriffe des JIT-Kaizen

Ich bin sicher, daß es viele Leser geben wird, denen es lieber wäre, wenn ich statt einer Verbindung von japanischen und englischen Worten lieber gleich einen deutschen Begriff verwenden würde. Daß ich diesem verständlichen Wunsch nicht Rechnung trage, hat mehrere Gründe.

Als man begann, in den japanischen Firmen die damals neuen Methoden einzuführen, wurde ebenfalls überlegt, welche Bezeichnungen für die verschiedenen Teile des Systems gewählt werden sollten. Statt bestehende Begriffe mit neuem Sinn zu füllen, entschied man sich für neue Bezeichnungen, die sich von den alten deutlich abhoben. Damit wurde das Neue und Andersartige erst wirklich erlebbar. Genauso verfahren meine Kollegen und ich auch in Deutschland. Ich gebe Ihnen ein Beispiel: Es ist beim JIT-Kaizen immer und überall wichtig, daß alles deutlich sichtbar gemacht wird, visualisiert. Allgemein spricht man deshalb vom Visual Management. Dieser Ausdruck war mir aber nicht stark genug. Deshalb habe ich das deutsche Wort Prangersystem gewählt. Ich glaube, das ist im Deutschen ein sehr starkes Wort. Anprangern und an den Pranger stellen ist ja fast gleichbedeutend mit anklagen, es schließt also auch eine Wertung des Früheren oder Bestehenden mit ein. Das japanische Wort »Sarashikubi« mag für Ihre Ohren sehr harmonisch klingen, wörtlich übersetzt heißt es aber »Der Kopf des Gehenkten«.

Zu Ihrem besseren Verständnis habe ich auch das eine oder

andere japanische Wort mit aufgeführt, das Sie in diesem Buch
so nicht finden, das Ihnen aber in der Praxis draußen sicher
begegnen wird.

Andon
Andon ist eine Methode des visuellen Managements. Mit Hilfe
eines Lichtsignals kann der Mitarbeiter anzeigen, ob an seinem
Arbeitsplatz alles ordnungsgemäß läuft oder ob er Unterstützung braucht.

Furyo
Furyo bedeutet Fehler. Einerseits bietet JIT-Kaizen eine ganze
Reihe von Methoden zur Fehlervermeidung und damit zur
Qualitätsverbesserung an, andererseits werden Fehler durch-
aus begrüßt, weil sie den Weg für Verbesserungen weisen.

Hyojun sagyo
Hyojun sagyo ist standardisiertes Arbeiten. Standardisierung
bedeutet, daß Verbesserungen verallgemeinert werden und
nicht auf einen einzelnen Arbeitsplatz beschränkt bleiben. Es
bedeutet aber auch, daß die gleichen Maschinen auf die gleiche
Weise bedient werden können, daß also die gleichen Schalter
die gleichen Funktionen haben.

JIT – Just-in-time-Produktion
Bei der Just-in-time-Produktion bekommt der Begriff »Just«
eine besondere Bedeutung, weil er das »genau rechtzeitig«
ausdrückt, und darauf kommt es an. Ein Fertigungsschritt muß
exakt auf den nächsten abgestimmt sein, so daß weder Wartezeiten noch Puffer von halbfertigen Produkten entstehen.

Kaikaku
Kaikaku ist die Erneuerung, die neue Realitäten schafft, indem
sie die Voraussetzungen der gegenwärtigen Situation ändert.

Dazu ist die Negation des Bestehenden ebenso notwendig wie das Praktizieren der angestrebten Ideale. JIT-Kaizen versteht sich als eine solche revolutionäre Erneuerung.

Kaizen

Kaizen würde übersetzt die Chance zum Guten bedeuten. Es bezeichnet für sich allein nur die Verbesserung, das heißt, daß der gegenwärtige Zustand als solcher akzeptiert und er nach einer Analyse modifiziert fortgeschrieben wird. Eine grundsätzliche Veränderung wie bei Kaikaku gibt es jedoch nicht.

Kanban-System

Kanban ist das japanische Wort für Karte oder Zeichen. Ein Kanban ist ein Träger von Informationen, der mit dem Produkt durch die Fertigung läuft und die notwendigen Arbeitsanweisungen enthält. Ein Kanban kann aber auch eine Belieferung mit neuem Material auslösen. Es gibt also verschiedene Arten von Kanbans. Im Rahmen eines Systems dienen die Kanbans dazu, daß die benötigten Güter in der erforderlichen Menge zur richtigen Zeit produziert werden.

KVP/KEP

Hinter dem Kürzel KVP steht der kontinuierliche Verbesserungsprozeß, eine brauchbare Übertragung des Begriffs Kaizen ins Deutsche. KEP steht für kontinuierlicher Erneuerungsprozeß, was dem Kaikaku entspricht. Ich würde jedoch empfehlen, die japanischen Begriffe zu verwenden, weil sie der Komplexität der Methoden eher Rechnung tragen.

Losgröße = 1

Der Puffer zwischen zwei Arbeitsabläufen darf nicht größer als ein Teil sein.

Mizusumashi

Mizusumashi bezeichnet eigentlich den Wasserläufer, ein Insekt, das sich sehr schnell auf der Wasseroberfläche bewegt. In der Produktion sind damit einerseits die Mitarbeiter gemeint, die in einer U-förmigen Anordnung mehrere Maschinen gleichzeitig bedienen, und andererseits Mitarbeiter, deren spezielle Aufgabe es ist, Material und Teile an den verschiedenen Arbeitsplätzen anzureichen und nachzufüllen.

Okami shonen

Materialpuffer durch Überproduktion sind aus der Sicht des JIT-Kaizen die schlimmste Verschwendung. In Japan nennt man sie Okami shonen, das heißt heulender Wolf. Sie sind also ein unüberhör- und unübersehbares Zeichen dafür, daß im Produktionsprozeß etwas nicht in Ordnung ist.

Pokayoke

Pokayoke ist das Null-Fehler-Prinzip. Die Maschinen werden so gestaltet, daß jeder in der Lage ist, sie zu bedienen.

OV – Office Visualisation

OV fordert, daß alle Büroarbeiten sichtbar und für jeden Mitarbeiter transparent sein müssen. Dazu gehören gemeinsame Akten ebenso wie Anwesenheitstafeln oder ausgehängte Arbeitspläne.

Sarashikubi

Alle fehlerhaften Teile werden offen ausgelegt. Jeder kann sie studieren und bei der Fehlerbeseitigung helfen. Es wird nicht nach dem Schuldigen gesucht, sondern nach dem Grund für einen Fehler.

Die fünf »S«

Die fünf »S« sind Seiri, Seiton, Seiketsu, Seiso und Shitsuke. Sie bedeuten Organisation, Ordnung, Saubermachen, Sauberkeit und Disziplin und sind die Grundlage aller Maßnahmen des JIT-Kaizen. Ihre Durchführung selbst wird schon zu wesentlichen Verbesserungen führen. Nur wenn sie akzeptiert und beachtet werden, können weitere Verbesserungen folgen. Ursprünglich wurden die fünf »S« von Japan als preußische Tugenden aus Deutschland importiert.

Tachi sagyo

Tachi sagyo heißt Arbeiten im Stehen. Auch das ist eine wesentliche Voraussetzung für eine Produktivitätssteigerung. Der Mitarbeiter wird flexibler und beweglicher. Selbst im Büro sollten möglichst viele Arbeiten, wie zum Beispiel das Telefonieren, im Stehen ausgeführt werden.

TPM – Total Plant Maintenance

TPM bedeutet, daß jeder, der eine Maschine bedient, diese auch regelmäßig säubert. Das dient der Materialerhaltung und beugt kleineren Störungen vor. Auch ältere Maschinen behalten so über lange Zeit ihre Gebrauchsfähigkeit.

Register